ACCÈS Éditions

123 Jeux de Nombres

pour les enfants de 8 à 13 ans

Laurent SALLES
Illustrateur

Gérard BRASSEUR
Instituteur Maître-Formateur

Sommaire

123 Jeux de Nombres

13 A route d'Altenheim 67100 STRASBOURG
Conception et réalisation : Gérard BRASSEUR
Illustrations : Laurent SALLES
Imprimerie : LIGNE À SUIVRE
Dépôt légal avril 1996
5e édition septembre 2002
ISBN 2-909 295-36-2

123 Jeux de Nombres

Lorsqu'il revêt une forme de jeu, une dimension de mystère et de défi, l'univers des nombres attire très tôt les enfants car il leur réserve découvertes et surprises.
123 jeux de nombres propose à l'enfant une nouvelle manière d'être en contact avec les éléments mathématiques : découvrir le plaisir de jongler avec les nombres en pratiquant une véritable gymnastique intellectuelle. Par le jeu, il apprend à chercher une stratégie gagnante, décrypter des codages et résoudre des énigmes.

L'acquisition de compétences transversales

Les exercices de jeux associés à une construction du savoir mathématique participent au développement et à l'évaluation de compétences méthodologiques transversales et disciplinaires :
- entraîner l'attention, la concentration, la persévérance, la patience
- développer le sens de l'observation, la vivacité et la mémoire
- acquérir le goût de la recherche et l'esprit de déduction
- apprendre à traiter des informations, faire fonctionner des propriétés, maîtriser un processus opératoire…

Mise en œuvre des activités

Chaque type de jeu est décliné à trois degrés de difficulté progressive facilitant la mise en œuvre d'une pédagogie différenciée et le travail personnel.
Les jeux proposés pourront être utilisés collectivement pour étoffer et varier la gamme d'exercices offerts aux élèves mais ils trouveront toute leur place lors de travaux de groupe, activités de soutien, études dirigées. Ils ont été conçus pour permettre à l'élève de développer des stratégies variées basées sur les essais successifs, les recoupements, l'élimination, la recherche systématique…
Durant ces instants de recherche active, il importe de laisser chaque enfant avancer à son rythme pour lui permettre de découvrir par lui-même ces différentes stratégies mais aussi les propriétés des nombres et les nombreux « trucs » que l'on peut utiliser en calcul mental.
Entre les différentes séances de travail individuel, il est bon de prévoir une petite synthèse collective en demandant aux élèves de confronter les approches utilisées et de vérifier les propriétés ou les « trucs » découverts. Cette confrontation est extrêmement importante car elle permet à l'enfant de verbaliser et de théoriser un principe, une méthode, et de les vérifier à la lumière d'autres exemples.

Progression

Le dossier comprend quatre grandes parties :

1. Connaissance et propriétés des nombres (11 fiches et 16 jeux)

L'objectif est d'apprendre à maîtriser les codes de la numération, traiter des données numériques, découvrir et utiliser les propriétés des nombres. Les différentes situations proposées permettent de nombreux tâtonnements et essais successifs : l'enfant recherche des solutions par élimination, par approximation ou par intuition. Peu à peu, il acquiert le sens des nombres.

2. Propriétés opératoires et calcul rapide (22 fiches et 44 jeux)

Il s'agit ici d'apprendre à faire fonctionner les propriétés des opérations, décomposer un nombre et évaluer l'ordre de grandeur d'un résultat. En abordant les mêmes notions sous des angles variés et amusants, l'élève améliore ses performances et sa rapidité en calcul mental.

3. Jeux de déduction et d'observation (19 fiches et 46 jeux)

Dans les différents jeux proposés, la place importante laissée à la recherche permet à l'élève d'exercer et d'évaluer ses capacités d'attention, d'observation, de persévérance, de patience et de logique.
Il apprend à faire des recoupements, à émettre des hypothèses et à les vérifier, à traiter méthodiquement des données numériques, à mettre au point des stratégies efficaces.

4. Activités de recherche et jeux pour la calculatrice (11 fiches et 17 jeux)

Dans cette quatrième partie du dossier, l'enfant est amené à utiliser la calculatrice pour apprendre à estimer l'ordre de grandeur de calculs sur les grands nombres ou les décimaux, mais aussi à résoudre des énigmes, des casse-tête ou à découvrir des algorithmes et des « trucs numériques » en s'aidant de la calculatrice.

Corrigés des fiches

La correction facilitée

Les réponses sont imprimées en couleur sur la fiche de travail de l'élève. Ce procédé invisible à la photocopie facilitera la tâche à l'enseignant : document unique, visualisation immédiate des réponses, gain de temps...

Le corrigé des 8 fiches nécessitant l'utilisation de plusieurs couleurs fait l'objet d'un traitement quadrichromique dans la notice pédagogique.

1. Connaissance et propriétés des nombres

Nombre caché

Il s'agit ici d'une activité de traitement de données numériques. L'enfant doit retrouver un nombre qui vérifie cinq propositions à la fois. Différentes possibilités s'offrent à lui : procéder par élimination en barrant tous les nombres qui ne vérifient pas une proposition. Une autre solution est une recherche multicritère du nombre qui remplit à la fois toutes les propositions.

Jeu n° 1 : nombres de 0 à 999

Jeu n° 2 : nombres de 0 à 9999

Jeu n° 3 : nombres décimaux

Jeux n° 4 et 5 : fractions (Notions à posséder : lecture et comparaison de fractions, identifier numérateur et dénominateur.)

Cette activité de traitement de données numériques est très intéressante car elle permet de développer chez l'élève le sens des nombres et de leurs propriétés. Mais elle est également très riche sur le plan méthodologique : procéder de manière systématique, par élimination, repérer et cocher certains éléments, trier...

Il est aisé de multiplier les séries d'exercices en les adaptant au niveau de la classe et aux notions étudiées à l'aide des fiches vierges disponibles à la fin du dossier.

Nombres croisés (jeux n° 6 à 11)

L'objectif est de mettre en œuvre les principes de la numération : avant, après, position de chaque chiffre, décomposition d'un nombre, et principales propriétés (pair, impair, multiple...).

Il importe de bien s'assurer que l'élève connaît le vocabulaire et les propriétés utilisées.

Au niveau 3, certaines réponses ne sont pas directes, il faut effectuer des recoupements.

Les dalles fatales (jeu n° 12)

On travaille ici sur la décomposition additive de nombres et l'enfant est invité à évaluer rapidement le résultat de chaque calcul : 10, 20, 30, 40, 50. Il suffit pour cela de vérifier que le résultat se termine bien par 0 puis de compter les dizaines.

Les diviseurs de tête (jeu n° 13)

Ce deuxième jeu de coloriage porte sur les caractères de divisibilité. A savoir :

- Un nombre est divisible par 3 lorsque la somme de ses chiffres est divisible par 3.
- Un nombre est divisible par 4 lorsque le nombre formé par ses deux derniers chiffres est divisible par 4.
- Un nombre est divisible par 5 lorsque le chiffre des unités est 5 ou 0.

Les animaux gloutons (jeux n° 14 et 15)

Même principe que le jeu précédent appliqué à la notion de multiple d'un nombre et aux caractères de divisibilité.

Le poisson a avalé une paire de tenailles et un clou et la tortue une bicyclette.

La clé des nombres (jeu n° 16)

Ce dernier exercice de coloriage porte sur la connaissance des nombres décimaux. C'est un exercice d'encadrement, il faut situer chaque nombre par rapport à l'intervalle donné. La clé est formée à partir des chiffres 8, 3, 1.

Les dalles fatales

Difficulté
① 2 3
compétences exercées :
ordre de grandeur

Consigne
En coloriant les dalles, montre à Indy le passage qui permet d'atteindre l'entrée du dédale en évitant tous les pièges.
Attention : Le seul passage possible emprunte une suite de dalles restées blanches.

Jeu n° 12

Code des couleurs:
- *en brun, les dalles dont le total est 10 : danger d'explosion.*
- *en rouge, les dalles dont le total est 20 : danger d'électrocution.*
- *en orange, les dalles dont le total est 30 : danger d'éboulement.*
- *en bleu, les dalles dont le total est 40 : danger de noyade.*
- *en violet, les dalles dont le total est 50 : produits toxiques.*

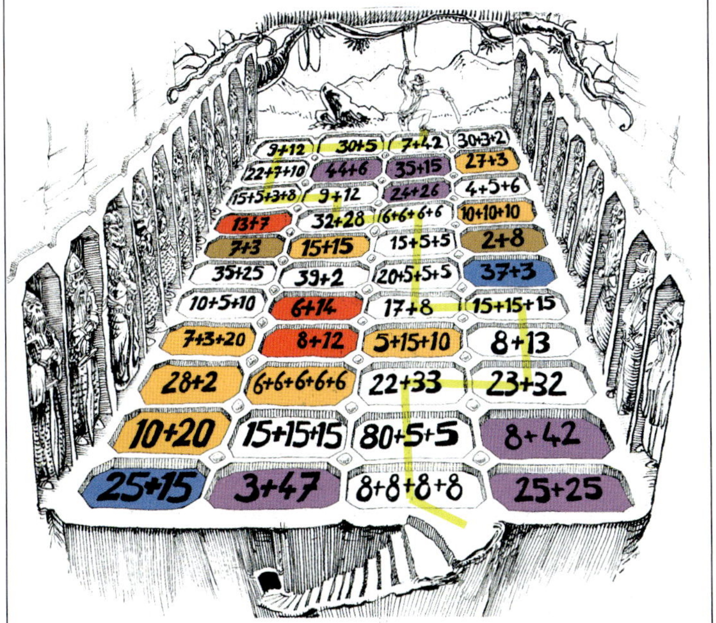

Les diviseurs de tête

Difficulté
1 ② 3
compétences exercées :
caractères de divisibilité

Consigne
En coloriant le plan, retrouve la piste qui te mènera à la statue précieuse gardée par la féroce tribu des diviseurs.
Attention : le seul passage possible emprunte la rivière et la piste orange.

Jeu n° 13

Code des couleurs :
- *en bleu, les nombres divisibles par 4, c'est la rivière facile à suivre.*
- *en orange, les nombres divisibles par 3, c'est la piste menant à la statue.*
- *en vert, les nombres divisibles par 5, c'est la forêt impénétrable.*
- *en violet, les nombres divisibles par 11, ce sont des régions hostiles habitées par les féroces diviseurs.*

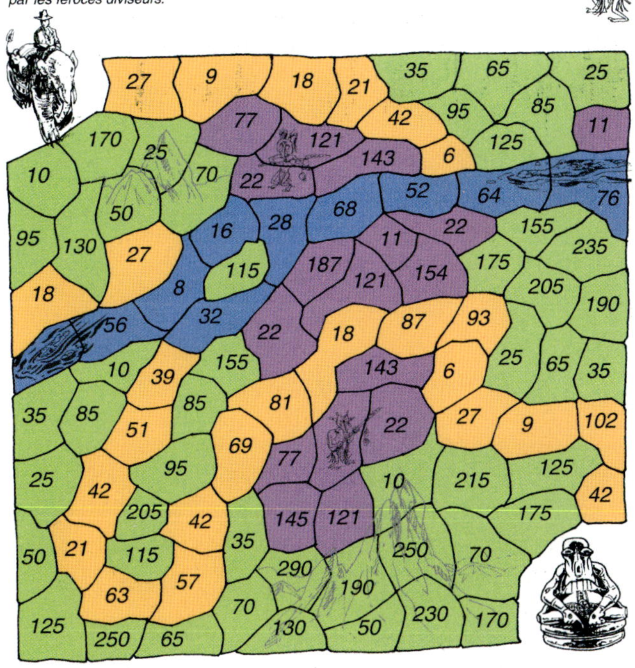

Les animaux gloutons

Difficulté
1 ② 3
compétences exercées :
caractères de divisibilité

Consigne
En coloriant les deux animaux d'après le code des couleurs, tu verras apparaître en blanc les objets insolites qu'ils ont avalés.

Jeu n° 14

Code des couleurs pour le poisson :
- *en bleu, les nombres multiples de 3 et de 4.*
- *en rouge, les nombres multiples de 4.*
- *en jaune, les nombres multiples de 3.*

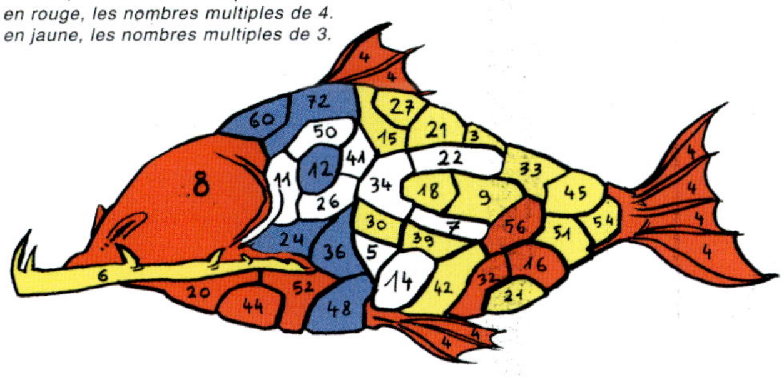

Jeu n° 15

Code des couleurs pour la tortue :
- *en orange, les nombres multiples de 9 et de 5.*
- *en vert, les nombres multiples de 9.*
- *en jaune, les nombres multiples de 5.*

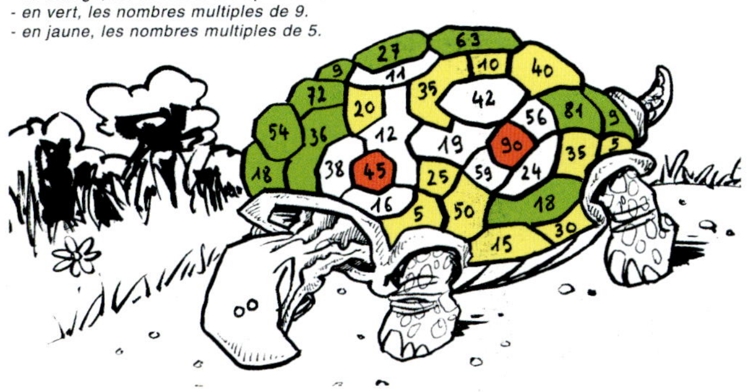

La clé des nombres

Difficulté
1 2 ③
compétences exercées :
ordre de grandeur/décimaux

Consigne
En coloriant la mosaïque de Décimus, tu verras apparaître la mystérieuse clé des nombres.
Attention : La clé apparaît en blanc et contient 3 chiffres que tu dois noter.

Jeu n° 16

Code des couleurs :
- *en violet, les pierres qui contiennent un nombre compris entre 0 et 3.*
- *en rouge, les pierres qui contiennent un nombre compris entre 4,5 et 6,75.*
- *en orange, les pierres qui contiennent un nombre compris entre 8,25 et 12.*
- *en bleu, les pierres qui contiennent un nombre compris entre 14,85 et 20.*

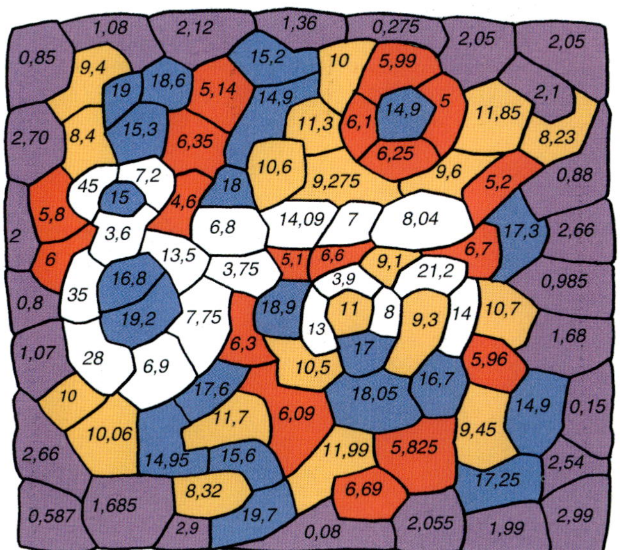

Note ici les trois chiffres de la clé : 8, 1, 3

2. Propriétés opératoires et calcul rapide

Les carrés casés (jeux n° 17 à 28)

Tous les exercices de cette série visent à entraîner les tables d'addition et à travailler sur l'idée de complément. L'élève est invité à chercher les nombres qui se « marient » pour former les sommes demandées ou un nombre rond. Il pourra relever et mémoriser certaines sommes remarquables :
exemple : 100 = 25+25+25+25 ou 10+20+30+40

Les labynombres (jeux n° 29 à 39)

Le jeu consiste à se déplacer sur le quadrillage en additionnant tous les nombres rencontrés pour arriver au total indiqué à la sortie. L'élève procédera le plus souvent par tâtonnement, mais l'estimation du résultat l'aidera à trouver une solution plus rapide.
Ce jeu demande concentration, méthode et fait appel à la mémoire des trajets et des calculs effectués.

Les circuits numériques (jeux n° 40 à 54)

Il s'agit à nouveau d'un déplacement à effectuer sur un quadrillage en appliquant l'un des deux opérateurs indiqués. L'exercice permet de réviser les tables : addition, soustraction puis division et multiplication.
Des variantes de solutions peuvent être trouvées.

Le compte est rond (jeux n° 55 à 57)

Voici une variante simplifiée de ce jeu bien connu. Il s'agit d'obtenir le résultat indiqué à partir des nombres tirés, en utilisant les quatre opérations et les parenthèses.
D'autres solutions peuvent être trouvées.

Le trésor de Calculus (jeu n° 58)

Il s'agit d'évaluer le résultat d'une addition. Les réponses fausses se détectent par l'erreur sur les unités ou parfois sur le chiffre des dizaines.
L'élève tracera l'itinéraire au crayon : il y a des fausses pistes !

Le trésor de Minus (jeu n° 59)

Même principe que pour le jeu précédent. Cette fois-ci il faut évaluer le résultat d'une différence.

Le trésor de la table d'or (jeu n° 60)

Même principe que le jeu précédent en évaluant le résultat d'un produit. Cet exercice est tout à fait approprié à l'étude des tables de multiplication.

Les trois grilles proposées pourront être déclinées à l'infini à l'aide de la fiche vierge que vous trouverez en fin de dossier.

3. Jeux de déduction et d'observation

L'Astro-nombre (jeux n° 61 à 72)

Il s'agit d'un jeu d'hypothèses et de déduction de la famille des carrés magiques. En fonction des éléments déjà placés et de ceux qui sont à placer, l'enfant émet l'hypothèse d'une décomposition additive. Cet exercice fait également jouer les réciprocités addition-soustraction par la recherche d'un complément permettant d'arriver au total indiqué.

Ronde infernale (jeux n° 73 à 83)

A la fois jeu d'hypothèses et activité opératoire mettant en œuvre des suites d'opérateurs : additions, soustractions multiplications et divisions.
La stratégie est basée sur des essais successifs : on fait passer un nombre dans le circuit. En fonction du résultat, on augmente ou on diminue le nombre essayé (approche par encadrement).
La solution est toujours un nombre entier. On évitera l'utilisation des nombres décimaux ou négatifs.

Grilles mystérieuses (jeux n° 84 à 91)

Encore un exercice de la famille des carrés magiques ou de l'astro-nombre. On recherchera les points de départ permettant de limiter le nombre d'essais. Ainsi, dans le jeu n° 87, devant 8, le seul chiffre possible est 9.
Dans certains jeux, d'autres solutions sont possibles. (jeu 88 et 89)

Master-nombre

Le jeu est inspiré du Master-Mind, jeu de stratégie et de logique où l'enfant, par une suite d'hypothèses, d'éliminations et de recoupements, peut déduire les chiffres bien placés à partir des indices de départ.

Exemple de résolution (Jeu n° 92 - premier code)

~~8~~~~0~~~~3~~		
~~3~~27	oo	indique deux chiffres mal placés : 2 et 7
~~1~~~~9~~2	x	2 est à la bonne place, 1 et 9 éliminés
5~~0~~~~8~~	o	0 et 8 étant éliminés il reste 5 mal placé

Solution : 5 ne pouvant être qu'au milieu, le code est 7 5 2.

Les deux autres codes de M. Bankrout sont 3 5 2 et 4 1 8.

Décryptor (jeux n° 95 à 106)

Jeu de codage où les signes opératoires sont connus et les chiffres codés. L'élève pourra procéder par tâtonnement mais aussi développer de nombreuses stratégies faisant appel à une connaissance évoluée des propriétés opératoires.

Exemple de résolution (Difficulté 1 - jeu n° 95)

Le principe consiste à additionner deux lignes regroupant un même nombre de signes identiques
❤ + ❤ + ◆ = 16 et ❤ + ◆ + ◆ = 14
en additionnant, on obtient :
❤ + ❤ + ❤ + ◆ + ◆ + ◆ = 14 + 16 = 30
on en déduit que ❤ + ◆ = 10
en substituant ❤ + ◆ par 10, dans la première somme, on obtient :
❤ + 10 = 16
D'où ❤ = 6
De la même manière, on trouve que ◆ = 4
Les autres signes sont alors faciles à trouver :
☆ = 2 et ☽ = 8
Lorsqu'une solution a été trouvée il importe de s'assurer qu'elle vérifie bien toutes les sommes de la grille.
Dans ce jeu comme dans les précédents, il sera très intéressant de demander à certains élèves d'expliquer la stratégie trouvée pour décrypter la grille.

4. Activités de recherche et jeux pour la calculatrice

Sur la piste de Méga (jeux n° 107 et 108)

Dans ces deux fiches l'objectif est d'amener l'enfant à utiliser la calculatrice pour effectuer une suite d'opérations.
Il suffit de tester systématiquement les différents nombres de l'intervalle en observant ce qui se passe aux différentes bifurcations, ce qui permet d'encadrer petit à petit le nombre.

Solutions :

Jeu n° 107 : le nombre est 7

Jeu n° 108 : le nombre est 18

Le Maître des nombres (jeux n° 109 à 111)

L'objectif est ici d'apprendre à évaluer rapidement un résultat afin de pouvoir déceler une erreur éventuelle lorsqu'on utilise la calculette.
On apprend à vérifier le premier ou le dernier chiffre, le nombre de chiffres ou la place de la virgule pour les nombres décimaux.
Dans ces exercices la calculatrice doit être utilisée uniquement dans la deuxième partie pour vérifier la réponse.

(suite des corrigés en dernière page)

Le Maître des nombres

Difficulté 1 2 3 (1 entouré)

compétences exercées: ***utiliser la calculatrice***

Consigne

Voici Estimator, le robot qui calcule plus vite que son nombre. Pour jouer avec lui, tu vas utiliser ton cybercalculateur (ton cerveau) et une calculatrice, (uniquement lorsque c'est indiqué).

Jeu n° 109

Voici ce que tu vas faire:
1. <u>Avec ton cybercalculateur</u> et un crayon de couleur, colorie les étiquettes dont les résultats sont impossibles:
-en rouge, lorsque le résultat a trop de chiffres.
-en jaune, lorsqu'il n'a pas assez de chiffres.
-en bleu, lorsque le dernier chiffre est impossible.

2. <u>Avec la calculatrice</u> trouve les résultats exacts et colorie-les en vert.
Si tu ne t'es pas trompé, tu verras apparaître dans la grille 5 lettres de couleur, du mot ESTIMATOR

3596 + 5769	10365	35955	8366	9364	9367
12430 - 2642	10758	9688	9782	8248	9787
15206 - 5260	10054	10156	9944	8266	9412
6738 + 3207	9045	10945	9954	9745	9946
23632 - 15543	10189	12889	8081	8275	8141
8367 + 1733	9100	9910	10000	10190	10100
16075 - 6059	9916	10124	11225	10127	10016
43836 + 56228	99604	98064	100165	100264	100064
2514 - 1627	87	967	884	937	887
14343 - 4248	9295	8945	10196	10295	10095

Le Maître des nombres

Difficulté 1 2 3 (2 entouré)

compétences exercées: ***utiliser la calculatrice***

Consigne

Voici Estimator, le robot qui calcule plus vite que son nombre. Pour jouer avec lui, tu vas utiliser ton cybercalculateur (ton cerveau) et une calculatrice, (uniquement lorsque c'est indiqué).

Jeu n° 110

Voici ce que tu vas faire:
1. <u>Avec ton cybercalculateur</u> et un crayon de couleur, colorie les étiquettes dont les résultats sont impossibles:
-en rouge, lorsque le résultat a trop de chiffres.
-en jaune, lorsqu'il n'a pas assez de chiffres.
-en bleu, lorsque le dernier chiffre est impossible.
-en violet, lorsque le premier chiffre est impossible.

2. <u>Avec la calculatrice</u> trouve les résultats exacts et colorie-les en vert.

6945 x 7	38615	49530	9535	48615	470675
2864 x 4	124234	13624	11456	8684	7264
783 x 35	8345	24320	10715	245275	27405
306 x 22	6732	66502	5932	6736	672
92 x 54	36508	498	2938	4968	4692
817 x 42	3854	304614	60544	38608	34314
108 x 64	63532	6912	672	4562	6918
918 x 32	2676	58266	27609	283516	29376
4267 x 9	36544	72573	38403	6563	312603
346 x 23	74318	788	3948	7652	7958

Le Maître des nombres

Difficulté 1 2 3 (3 entouré)

compétences exercées: ***utiliser la calculatrice***

Consigne

Voici Estimator, le robot qui calcule plus vite que son nombre. Pour jouer avec lui, tu vas utiliser ton cybercalculateur (ton cerveau) et une calculatrice, (uniquement lorsque c'est indiqué).

Jeu n° 111

Voici ce que tu vas faire:
1. <u>Avec ton cybercalculateur</u> et un crayon de couleur, colorie les étiquettes dont les résultats sont impossibles:
-en rouge, lorsque la partie entière est trop petite.
-en jaune, lorsque la partie entière a trop de chiffres.
-en bleu, lorsqu'il y a une erreur dans la partie décimale .

2. <u>Avec la calculatrice</u> trouve les résultats exacts et colorie-les en vert.

842,75 + 58,50	8428,25	89,250	901,25	904,125
246 + 9,55 + 72,45	328	2469,0	188,0	336,90
1460,5 - 683,25	257,25	764,75	2043,25	777,25
2367,80 - 1425,75	3782,5	942,05	236,05	957,55
8,25 x 6	4,95	48,12	49,5	485,6
65 x 0,35	6,15	22,75	23,7	135,5
126,3 x 8	1010,4	62,4	937,9	8730,4
98 x 1,52	95,6	115,9	148,96	981,56
3,14 x 42	131,88	12,28	128,5	432,38
1500 x 0,15	15,15	150,6	225	1750,15

Le nombre caché

Difficulté

(1) **2** **3**

compétences exercées :
connaissance des nombres
traitement de données

Consigne

Le château du Seigneur d'Hénombre recèle bien des mystères. Dans cette salle, il y a un passage secret qui s'ouvrira si tu découvres le nombre caché.
Pour t'aider, le Seigneur te donne 5 indices.

Jeu n° 1

Les indices pour trouver le nombre caché :

- *Il ne contient pas le chiffre 5.*
- *Il est impair.*
- *Il est plus grand que 299.*
- *Le chiffre des dizaines est impair.*
- *La somme de ses chiffres est 15.*

Le nombre caché

Difficulté

1 (2) 3

compétences exercées :
connaissance des nombres
traitement de données

Consigne

Te voici dans les caves du château d'Hénombre où tu découvres une paroi recouverte de nombres. Si tu trouves la pierre qui porte le nombre caché, la grille s'ouvrira à son tour pour te laisser passer.

Jeu n° 2

Voici cinq indices pour t'aider à trouver le nombre caché :

- *Il est plus petit que 7099.*
- *Il est pair.*
- *Il est multiple de 3.*
- *Il ne contient pas de 0.*
- *Le chiffre des centaines est compris entre 3 et 8.*

Les 3 nombres cachés

Difficulté

1 2 ③

compétences exercées :
connaissance des nombres
traitement de données

Consigne

Un couloir te conduit à une muraille fortifiée qui défend l'accès au donjon du château d'Hénombre. Trouve les trois nombres cachés sur les pierres et tu pourras pénétrer dans le donjon qui recèle les secrets d'Hénombre.

Jeu n° 3

Voici cinq indices pour t'aider à trouver les 3 nombres cachés :

- *Ce sont des nombres décimaux.*
- *Ils sont plus petits que 12,5.*
- *Ils sont plus grands que 1,75.*
- *Leur partie décimale ne contient pas de 5.*
- *Leur partie entière ne contient pas de chiffres pairs.*

Les fractions cachées

Difficulté

1 2 ③

compétences exercées :
connaissance des fractions
traitement de données

Jeu n° 4

Trouve le sac que le pilote ne doit pas lâcher car il contient ses affaires. Pour ne pas se tromper, il a numéroté tous les sacs à l'aide de fractions.

Voici trois indices pour t'aider à trouver le sac :

- Sa valeur est inférieure à 1.
- Son numérateur est pair.
- Son dénominateur est impair.

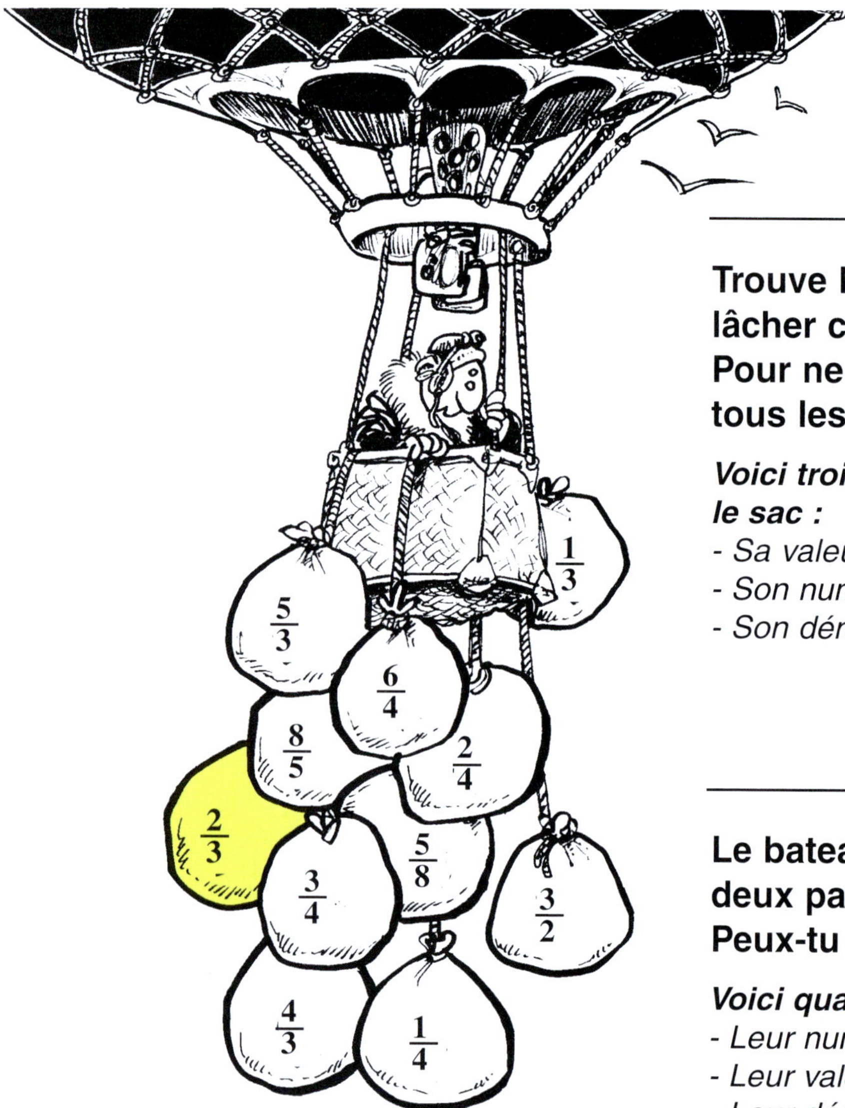

Jeu n° 5

Le bateau est parti en oubliant deux paquets marqués d'une fraction. Peux-tu les retrouver ?

Voici quatre indices pour t'aider :

- Leur numérateur ne contient pas de 5.
- Leur valeur est supérieure à 1.
- Leur dénominateur est impair.
- Les deux paquets ont la même valeur.

Nombres croisés

Difficulté

① 2 3

compétences exercées :
connaissance des nombres

Consigne
Complète chaque grille horizontalement et verticalement par des nombres correspondant aux indications.

Jeu n° 6

	E	F	G	H
A	1	9		1
B		9	1	0
C	3		8	5
D	5	7	5	

Horizontalement

Ⓐ Le nombre qui précède 20 • un nombre impair
Ⓑ Le nombre qui suit 909
Ⓒ Nombre entre 1 et 5 • nombre ayant 8 dizaines
Ⓓ Nombre ayant le même chiffre aux centaines et aux unités

Verticalement

Ⓔ Le plus petit nombre impair • (20 + 15)
Ⓕ Le nombre qui précède 100 • nombre qui suit 6
Ⓖ (100 + 50 + 30 + 5)
Ⓗ (50 + 50 + 5)

Jeu n° 7

	E	F	G	H
A	9	5		8
B		6	7	5
C	6		7	9
D	9	9	9	

Horizontalement

Ⓐ (80 + 15) • nombre pair
Ⓑ (600 + 50 + 20 + 5)
Ⓒ Le double de 3 • le nombre qui précède 80
Ⓓ Le plus grand nombre à 3 chiffres

Verticalement

Ⓔ Un nombre impair • nombre qui précède 70
Ⓕ (40 + 16) • nombre entre 7 et 10
Ⓖ Le nombre qui précède 780
Ⓗ Le nombre qui précède 860

Nombres croisés

Consigne
Complète chaque grille horizontalement et verticalement par des nombres correspondant aux indications.

Difficulté
1 ② 3
compétences exercées :
connaissance des nombres

Jeu n° 8

	E	F	G	H
A	3	1	3	2
B	3	0	9	9
C	3	■	9	9
D	3	2	0	0

Horizontalement

- A B + 33
- B Le triple de 1 033
- C Nombre impair • multiple de 9
- D B + 101

Verticalement

- E Nombre avec 4 chiffres identiques
- F Le plus petit nombre de 2 chiffres • nombre pair
- G 4 000 - 10
- H G - 1 000

Jeu n° 9

	E	F	G	H
A	2	5	■	6
B	3	4	5	6
C	2	■	5	9
D	3	7	5	9

Horizontalement

- A Entre 20 et 30 • multiple de 2 et de 3
- B Ses quatre chiffres se suivent
- C Plus petit que 5 • le nombre qui précède 60
- D B + 303

Verticalement

- E La somme de ses chiffres est 10
- F multiple de 6 et de 9 • nombre entre 6 et 9
- G Ses trois chiffres sont identiques
- H Nombre qui précède 6 700

Nombres croisés

Consigne

Complète chaque grille horizontalement et verticalement par des nombres correspondant aux indications.

Difficulté

1 2 ③

compétences exercées :
connaissance des nombres

Jeu n° 10

	F	G	H	I	J
A	1	4	4	9	9
B	1	0	0	0	0
C	4	1	8	8	0
D	9	9	0	0	
E	9	0	0	0	0

Horizontalement

- A Le nombre qui précède 14500
- B 100 x 100
- C H + 1 080
- D B - 100
- E Le nombre qui suit 89 999

Verticalement

- F A - 3 000
- G 40200 - 10
- H Le nombre qui suit 40799
- I E + 800
- J 30 x 30

Jeu n° 11

	F	G	H	I	J
A		3	4	5	6
B	1	0	4	0	0
C	3	3		9	0
D	9	9	8	9	9
E	6	0	0	0	

Horizontalement

- A Ses quatre chiffres se suivent
- B E + 4 400
- C Deux chiffres identiques • multiple de 9 et 5
- D Le nombre qui précède 99900
- E 60 x 100

Verticalement

- F Entre 1390 et 1400
- G 30400 - 10
- H Multiple de 11 • le nombre qui suit 79
- I 51000 - 10
- J E + 9

Les dalles fatales

Difficulté ① 2 3

compétences exercées :
ordre de grandeur

Consigne
En coloriant les dalles, montre à Indy le passage qui permet d'atteindre l'entrée du dédale en évitant tous les pièges. Attention : Le seul passage possible emprunte une suite de dalles restées blanches.

Jeu n° 12

Code des couleurs :
- *en brun, les dalles dont le total est 10 : danger d'explosion.*
- *en rouge, les dalles dont le total est 20 : danger d'électrocution.*
- *en orange, les dalles dont le total est 30 : danger d'éboulement.*
- *en bleu, les dalles dont le total est 40 : danger de noyade.*
- *en violet, les dalles dont le total est 50 : produits toxiques.*

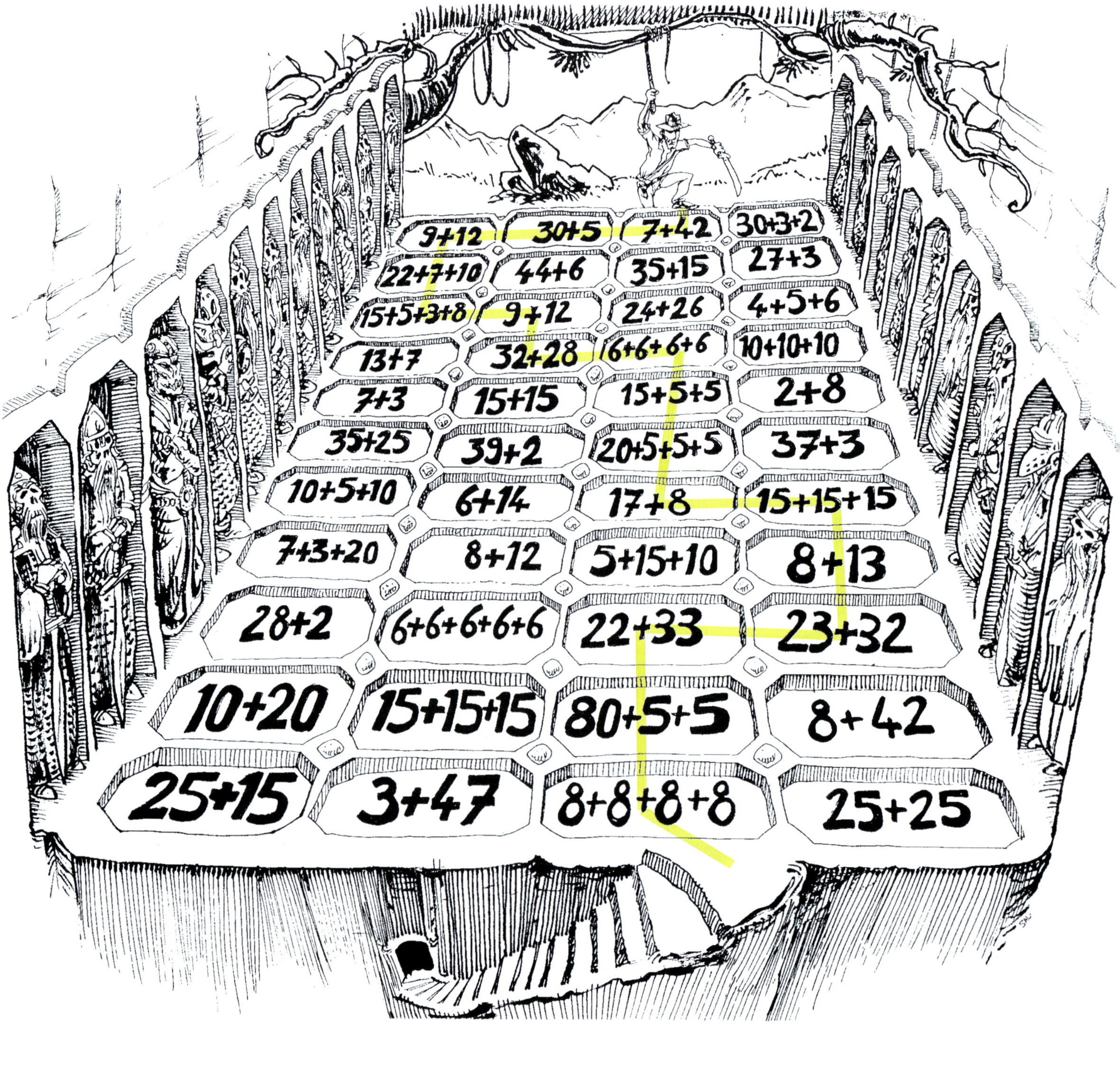

Les diviseurs de tête

Difficulté
1 **②** **3**
compétences exercées :
caractères de divisibilité

Consigne
En coloriant le plan, retrouve la piste qui te mènera à la statue précieuse gardée par la féroce tribu des diviseurs. Attention : le seul passage possible emprunte la rivière et la piste orange.

Jeu n° 13

Code des couleurs :
- *en bleu, les nombres divisibles par 4, c'est la rivière facile à suivre.*
- *en orange, les nombres divisibles par 3, c'est la piste menant à la statue.*
- *en vert, les nombres divisibles par 5, c'est la forêt impénétrable.*
- *en violet, les nombres divisibles par 11, ce sont des régions hostiles habitées par les féroces diviseurs.*

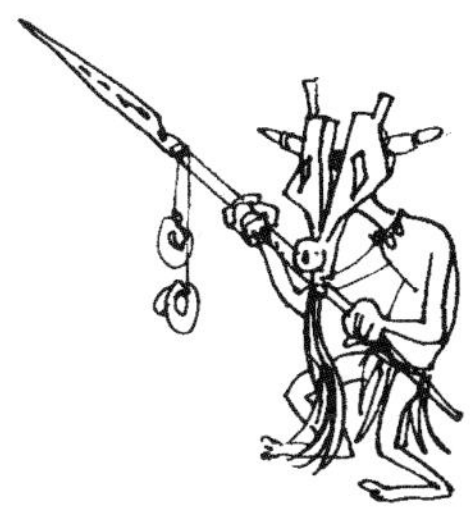

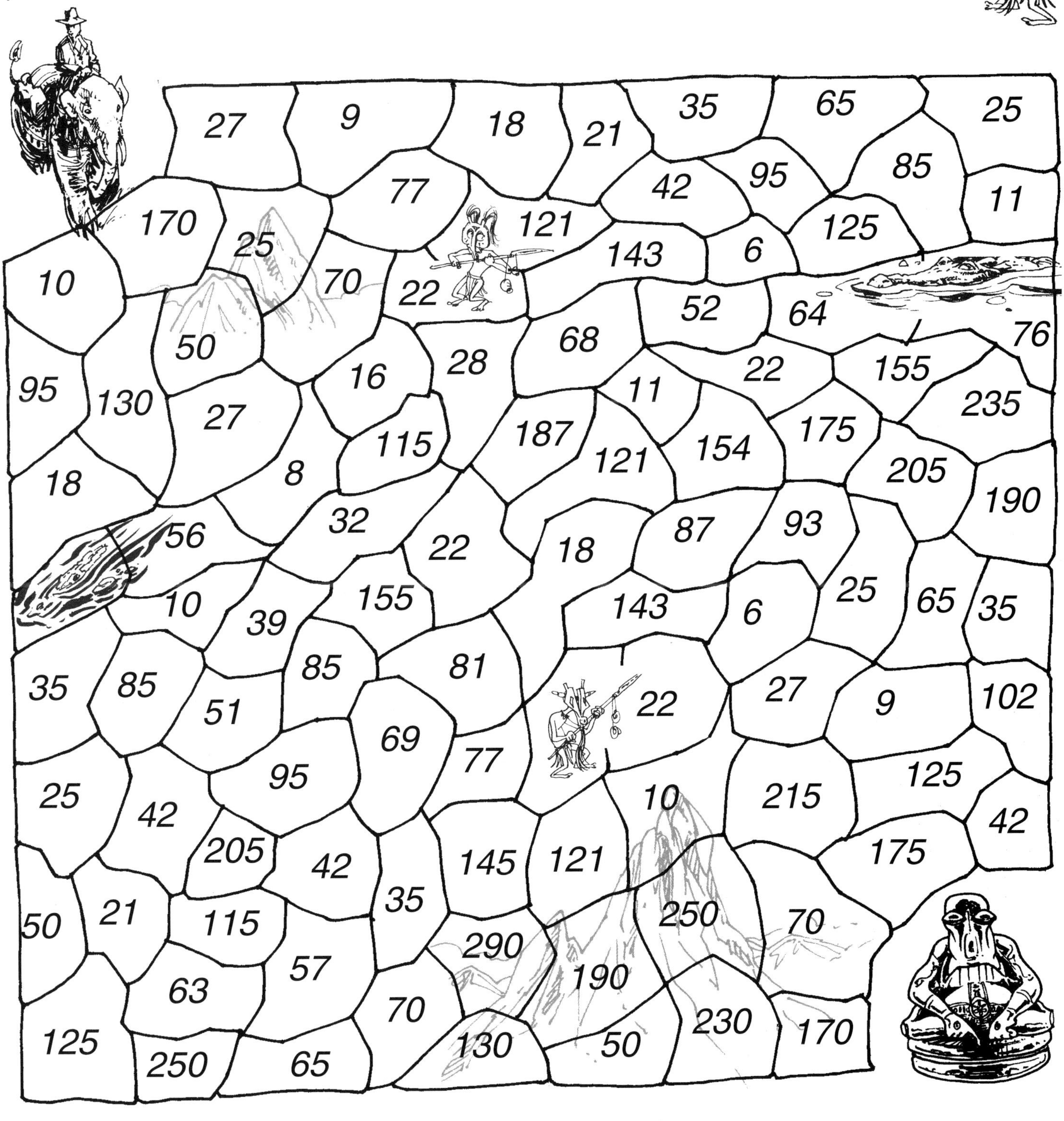

Les animaux gloutons

Difficulté

1 ② 3

compétences exercées :
caractères de divisibilité

Consigne

En coloriant les deux animaux d'après le code des couleurs, tu verras apparaître en blanc les objets insolites qu'ils ont avalés.

Jeu n° 14

Code des couleurs pour le poisson :

- en bleu, les nombres multiples de 3 et de 4.
- en rouge, les nombres multiples de 4.
- en jaune, les nombres multiples de 3.

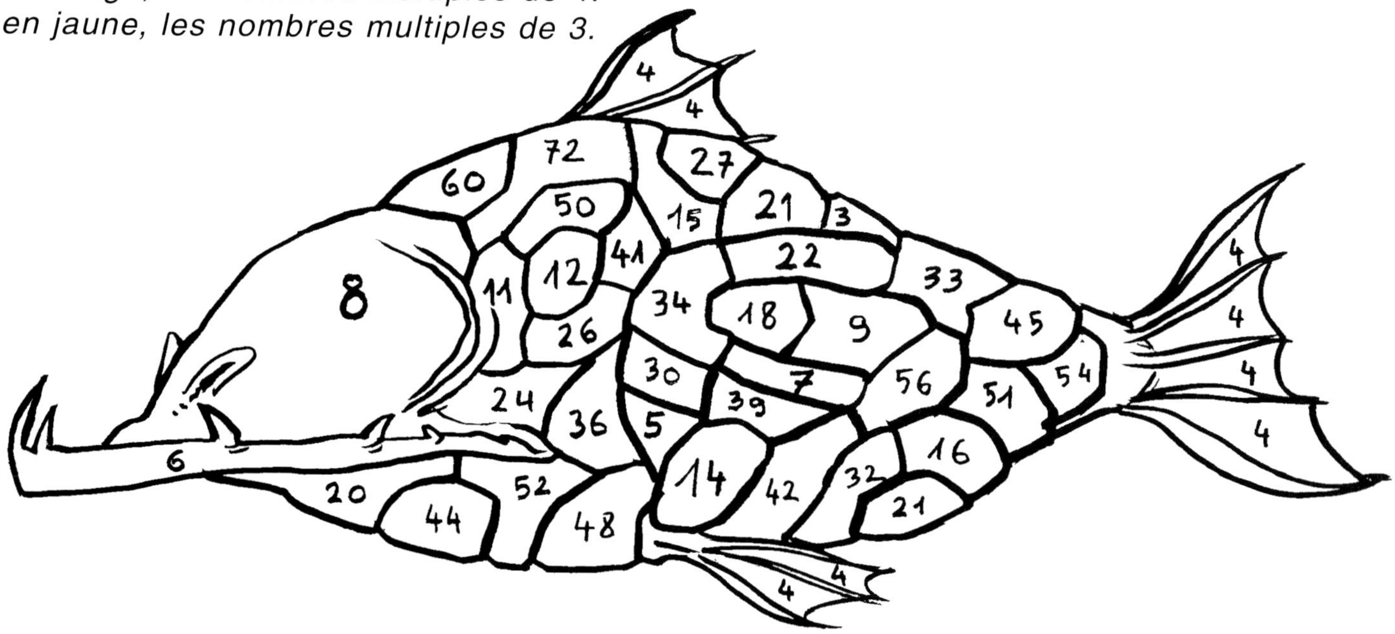

Jeu n° 15

Code des couleurs pour la tortue :

- en orange, les nombres multiples de 9 et de 5.
- en vert, les nombres multiples de 9.
- en jaune, les nombres multiples de 5.

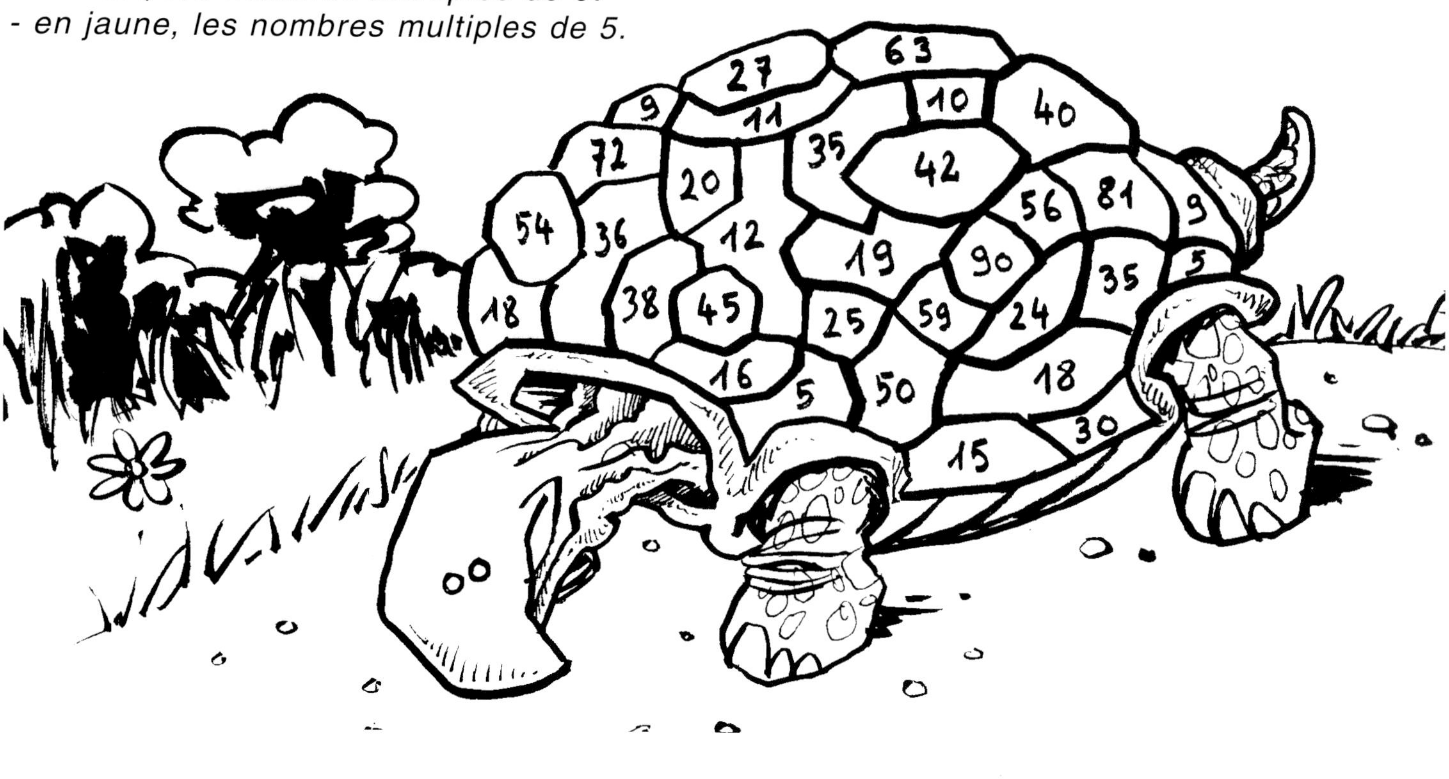

La clé des nombres

Difficulté

1 2 (3)

compétences exercées :
ordre de grandeur/décimaux

Consigne

En coloriant la mosaïque de Décimus, tu verras apparaître la mystérieuse clé des nombres.
Attention : La clé apparaît en blanc et contient 3 chiffres que tu dois noter.

Jeu n° 16

Code des couleurs :

- *en violet, les pierres qui contiennent un nombre compris entre 0 et 3.*
- *en rouge, les pierres qui contiennent un nombre compris entre 4,5 et 6,75.*
- *en orange, les pierres qui contiennent un nombre compris entre 8,25 et 12.*
- *en bleu, les pierres qui contiennent un nombre compris entre 14,85 et 20.*

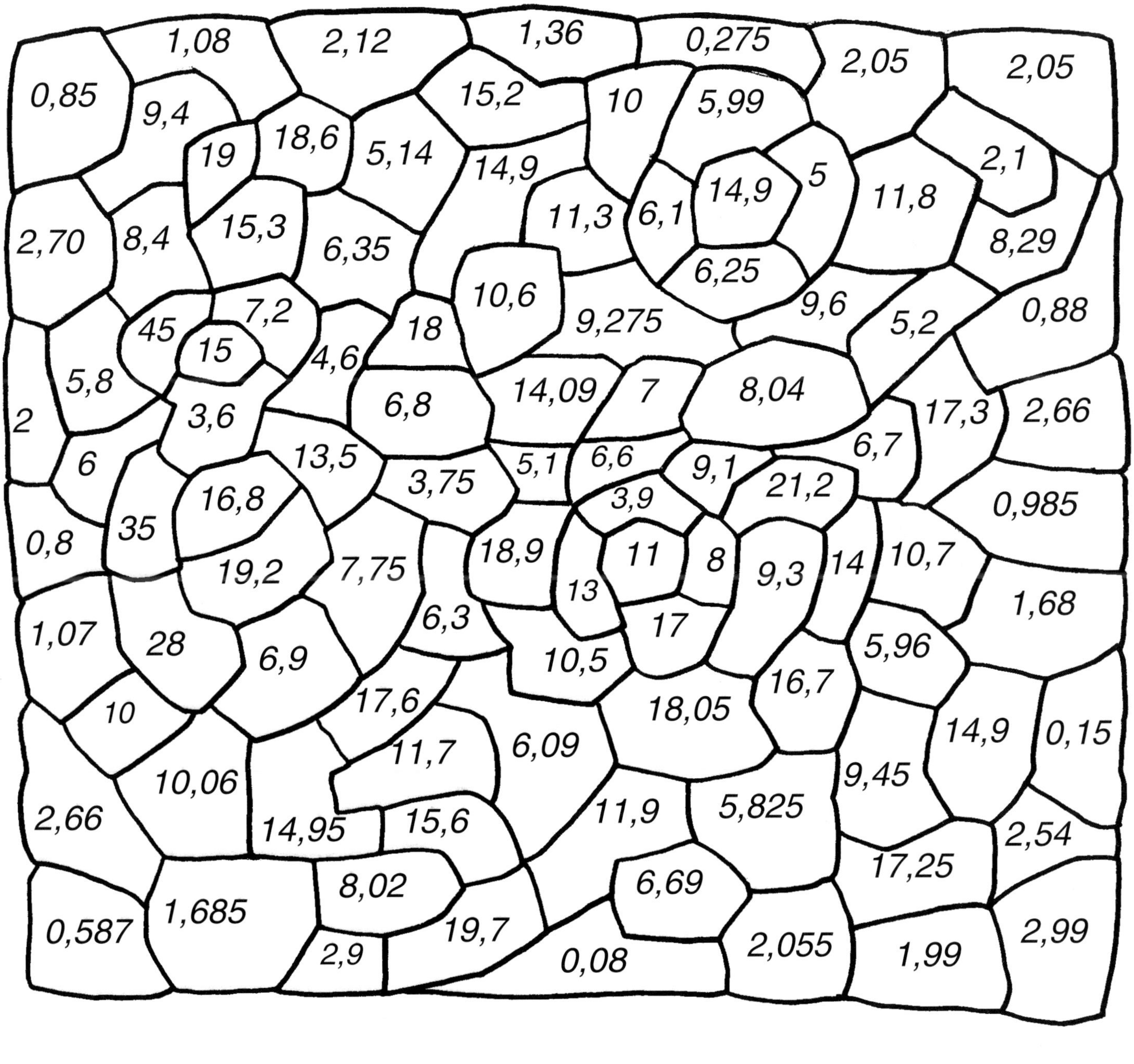

note ici les trois chiffres de la clé : 8, 1, 3

Les carrés casés

Difficulté

① 2 3

compétences exercées :
additionner rapidement

Consigne

Dans chaque grille, entoure les dix carrés formés de 4 cases dont la somme est égale à 10.
Attention : plusieurs carrés peuvent se chevaucher.

Jeu n° 17

6	3	1	4	3	2	1	6	0	8
1	2	5	3	2	5	4	2	1	2
4	3	2	1	4	3	6	1	3	4
1	5	1	6	1	4	1	2	6	5
1	2	4	2	3	4	1	5	0	1
4	5	1	3	1	8	2	3	3	2
7	1	8	2	6	2	3	4	3	6
1	1	6	2	1	1	5	1	2	1

Jeu n° 18

5	4	1	6	2	3	1	2	4	3
1	3	2	5	3	1	5	3	0	3
5	2	0	3	5	2	4	1	8	2
4	4	1	4	1	6	3	2	5	1
0	2	5	3	6	0	2	5	3	9
5	2	2	1	3	1	2	4	1	5
3	4	2	0	5	3	2	4	1	7
6	0	6	3	4	2	3	4	3	2

Les carrés casés

Difficulté
① 2 3
compétences exercées :
additionner rapidement

Consigne

Dans chaque grille, entoure les dix carrés formés de 4 cases dont la somme est égale à 20.
Attention : plusieurs carrés peuvent se chevaucher.

Jeu n° 19

7	7	5	8	6	5	3	2	7	2
2	4	6	7	5	3	4	1	5	8
3	2	8	4	9	6	8	7	2	6
5	6	1	6	7	4	5	9	5	7
8	3	1	2	5	2	1	7	6	3
1	8	7	3	4	5	7	5	4	9
8	9	4	9	6	3	2	9	7	4
7	5	2	8	2	9	8	4	4	5

Jeu n° 20

9	8	3	8	2	7	5	2	8	2
6	1	8	4	5	6	7	3	3	7
4	2	5	3	5	8	2	4	5	2
3	8	8	1	7	9	7	7	6	1
6	6	7	9	4	4	1	3	6	9
3	5	5	2	8	4	5	6	7	2
2	5	5	3	9	7	6	2	5	3
1	4	9	4	9	5	6	6	6	4

Les carrés casés

Difficulté

1 ② 3

compétences exercées :
additionner rapidement

Consigne

Dans chaque grille, entoure les dix carrés formés de 4 cases dont la somme est égale à la valeur indiquée. Attention : plusieurs carrés peuvent se chevaucher.

Jeu n° 21 : carrés de 50

6	20	9	25	17	21	43	18	34	6
12	13	8	16	5	4	22	16	26	7
19	16	14	12	18	16	8	9	5	12
32	10	17	19	3	33	14	30	6	8
9	22	3	24	11	13	37	20	21	4
18	7	18	15	7	18	9	10	35	5
13	12	9	9	10	29	20	11	4	9
21	16	22	15	16	12	36	10	25	16

Jeu n° 22 : carrés de 30

14	16	12	7	11	13	8	5	11	0
9	12	5	6	9	2	15	6	8	16
5	2	11	10	8	3	10	1	3	10
13	15	6	16	1	9	15	19	25	5
6	10	6	3	10	17	9	12	5	6
0	7	13	14	8	7	0	9	10	8
17	1	9	10	3	7	8	2	15	7
8	4	5	7	15	9	6	11	0	8

Aide

Pour aller plus vite, additionne d'abord les unités :
- Si tu trouves un total multiple de 10, rajoute les dizaines pour voir si tu arrives au total demandé.
- Si tu ne trouves pas un chiffre « rond » en additionnant les unités, cherche un autre carré.

Les carrés casés

Difficulté

1 ② 3

compétences exercées :
additionner rapidement

Consigne

Dans chaque grille, entoure les dix carrés formés de 4 cases dont la somme est égale à 100.
Attention : plusieurs carrés peuvent se chevaucher.

Jeu n° 23

45	30	25	5	15	60	5	25	10	5
5	35	40	50	25	10	30	40	25	30
45	10	15	25	10	60	25	10	30	35
60	20	30	50	5	20	15	5	25	20
25	35	10	20	25	10	30	30	40	45
45	5	20	30	5	15	30	10	30	15
5	45	15	25	25	30	5	10	25	50
15	25	15	25	25	20	10	75	40	15

Jeu n° 24

25	20	20	5	15	35	15	10	15	35
35	40	20	35	25	25	30	40	45	5
40	15	35	10	5	5	40	20	15	35
5	50	20	5	35	50	15	45	25	5
40	5	40	10	60	10	50	15	30	50
25	40	15	15	30	20	15	20	25	5
60	15	45	15	5	60	15	35	20	30
30	25	35	30	50	15	25	45	35	25

Aide

Pour aller plus vite, additionne d'abord les dizaines :
- si tu trouves 8, 9 ou 10 dizaines, rajoute les unités pour voir si tu arrives à 100.
- si tu trouves moins de 8 ou plus de 10 dizaines, inutile de continuer, cherche un autre carré.

Les carrés casés

Difficulté

1 2 **③**

compétences exercées :
addition de décimaux

Consigne

Dans chaque grille, entoure les dix carrés formés de 4 cases dont la somme est égale à la valeur indiquée. Attention : plusieurs carrés peuvent se chevaucher.

Jeu n° 25 : carrés de 1

0,7	0,2	0,3	0,8	0,2	0,25	0,3	0,25	0,3
0,3	0,1	0,4	0,15	0,5	0,30	0,15	0,6	0,1
0,5	0,2	0,35	0,45	0,2	0,9	0,5	0,1	0,2
0,30	0,45	0,6	0,3	0,05	0,5	0,1	0,05	0,45
0,10	0,15	0,15	0,1	0,5	0,25	0,1	0,75	0,15
0,65	0,35	0,05	0,7	0,1	0,15	0,6	0,4	0,10
0,5	0,25	0,85	0,15	0,45	0,6	0,15	0,1	0,4
0,2	0,05	0,15	0,45	0,25	0,15	0,1	0,2	0,25

Jeu n° 26 : carrés de 2

0,9	0,6	0,8	0,3	0,15	0,3	0,7	0,9	0,5
0,4	0,7	0,5	0,9	0,7	0,85	1,5	0,2	0,4
1,2	0,4	0,4	0,8	0,75	0,25	0,5	0,5	0,8
0,6	0,4	0,9	0,75	1,3	0,5	0,75	0,8	0,55
0,5	0,5	1,5	0,3	0,4	0,25	0,1	0,45	0,2
0,3	0,1	0,7	0,5	0,8	0,5	0,8	0,6	0,75
1,1	0,2	0,8	0,25	0,75	0,25	0,9	0,7	0,5
0,4	0,3	0,9	0,25	0,25	0,75	0,5	0,6	0,2

Aide

Pour aller plus vite, additionne d'abord les parties décimales :
- si tu trouves un nombre entier, additionne les parties entières pour voir si tu obtiens le résultat.
- sinon, cherche un autre carré.

Les carrés casés

Difficulté

1 2 ③

compétences exercées :
addition de décimaux

Consigne

Dans chaque grille, entoure les dix carrés formés de 4 cases dont la somme est égale à la valeur indiquée. Attention : plusieurs carrés peuvent se chevaucher.

Jeu n° 27 : carrés de 10

6	2,2	0,3	5	1	2,9	0,7	2,5	0,8
2,3	5,6	3,8	0,4	3,6	6,3	3	2,2	4,5
1,4	0,7	1,4	2	3,1	0,9	0,8	4	6,2
3	0,9	7	0,8	8	0,5	8,6	1	4,5
5,4	1,8	6	2,5	0,6	0,9	3,7	0,5	4
1,1	2,2	3,3	1,5	2,3	4	6,8	3,2	6,8
3,4	3,3	7,2	2,5	2,5	8,5	3,4	1,1	9,3
1,6	0,2	4,7	2,5	2,5	3,6	1,2	4,3	0,8

Jeu n° 28 : carrés de 5

1,6	0,8	1,9	2,6	3,4	1,8	3	1,2	0,5
1,2	1,4	2	1,5	1,6	0,5	0,3	0,5	3,4
2	3	0,9	0,7	1,2	0,9	1,1	2,5	0,7
0,2	0,5	0,3	3,1	2,6	4,3	3,7	0,8	1
1	1,4	0,8	3	0,5	0,5	2,5	2,8	1,6
0,6	2	2,8	1,7	2,5	1,5	1	0,6	1,2
3,6	1,1	2,2	1,6	0,9	1,6	0,9	1,8	0,3
4,5	1,1	0,6	3	4,2	2,6	3,1	0,7	2,2

Aide

Pour aller plus vite, additionne d'abord les parties décimales :
- si tu trouves un nombre entier, additionne les parties entières pour voir si tu obtiens le résultat.
- sinon, cherche un autre carré.

Labynombres

Consigne

En additionnant les nombres rencontrés, trouve le chemin qui aboutit au total indiqué à la sortie. Attention, il faut éviter de circuler en diagonale et de passer deux fois dans la même case.

Difficulté

① 2 3

compétences exercées :
additionner rapidement

Jeu n° 29

9	5	3	1	6	→ 37
→ 1	0	6	8	2	
4	7	11	3	10	

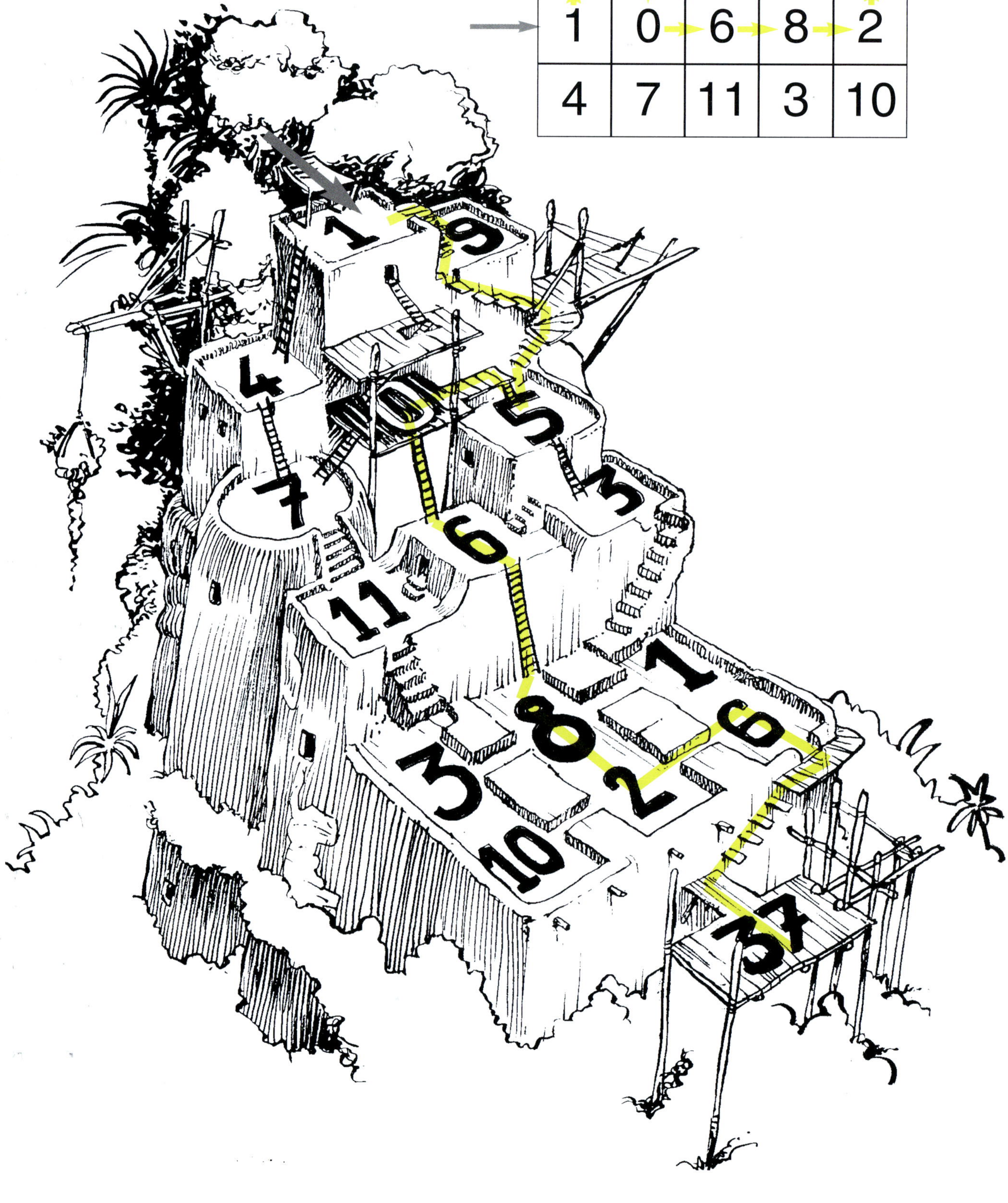

Labynombres

Difficulté
1 2 3
compétences exercées :
additionner rapidement

Consigne
En additionnant les nombres rencontrés, trouve le chemin qui aboutit au total indiqué à la sortie. Attention, il faut éviter de circuler en diagonale et de passer deux fois dans la même case.

Exemple

3	7	11	4	6
5	4	7	2	1
9	8	1	14	13

56

Jeu n° 30

6	8	0	5	7
3	2	9	4	1
7	5	1	3	8

25

Jeu n° 31

2	5	4	3	2
3	4	0	2	1
4	5	0	1	0

13

Labynombres

Difficulté

1 ② 3

compétences exercées :
additionner 10 100 1000

Consigne
En additionnant les nombres rencontrés, trouve le chemin qui aboutit au total indiqué à la sortie. Attention, il faut éviter de circuler en diagonale et de passer deux fois dans la même case.

Jeu n° 32

100	75	100	50	25
50	75	25	75	100
100	50	100	50	50

→ 600

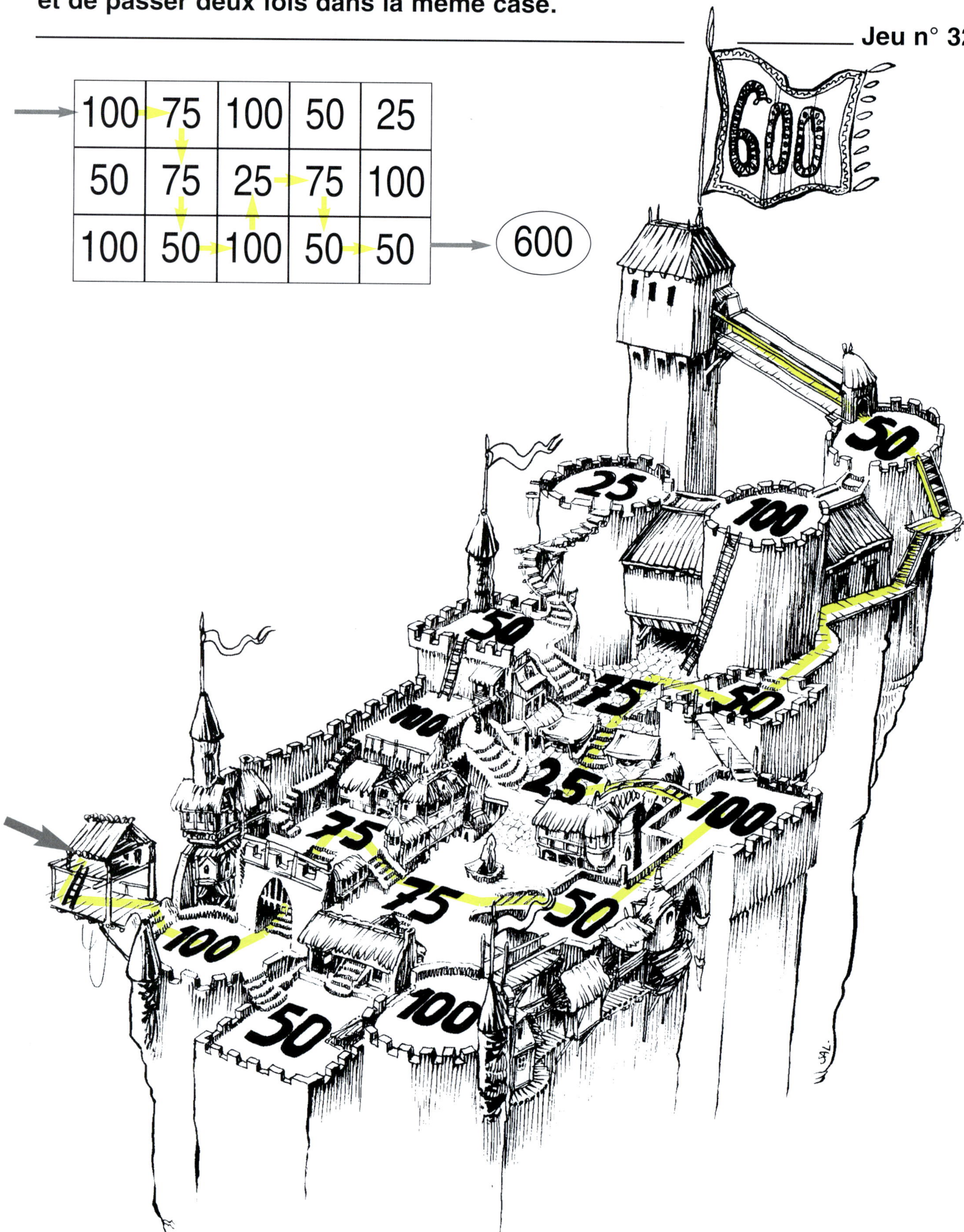

Labynombres

Difficulté
1 (2) 3
compétences exercées :
additionner 10 100 1000

Consigne
En additionnant les nombres rencontrés, trouve le chemin qui aboutit au total indiqué à la sortie. Attention, il faut éviter de circuler en diagonale et de passer deux fois dans la même case.

Jeu n° 33

100	10	10	1000	1000
10	1000	100	100	10
100	10	1	1000	1

2330

Jeu n° 34

5	50	20	10	5
20	10	5	100	20
5	100	50	10	5

200

Jeu n° 35

25	100	250	75	500
75	100	50	25	100
50	50	500	100	50

1000

Labynombres

Difficulté
1 2 ③
compétences exercées :
addition de décimaux

Consigne

En additionnant les nombres rencontrés, trouve le chemin qui aboutit au total indiqué à la sortie. Attention, il faut éviter de circuler en diagonale et de passer deux fois dans la même case.

Jeu n° 36

2,45	0,25	5	3,2	0,125
4,25	1,5	2,75	0,3	0,25
0,85	6,05	3,14	0,15	0,10

→ 15

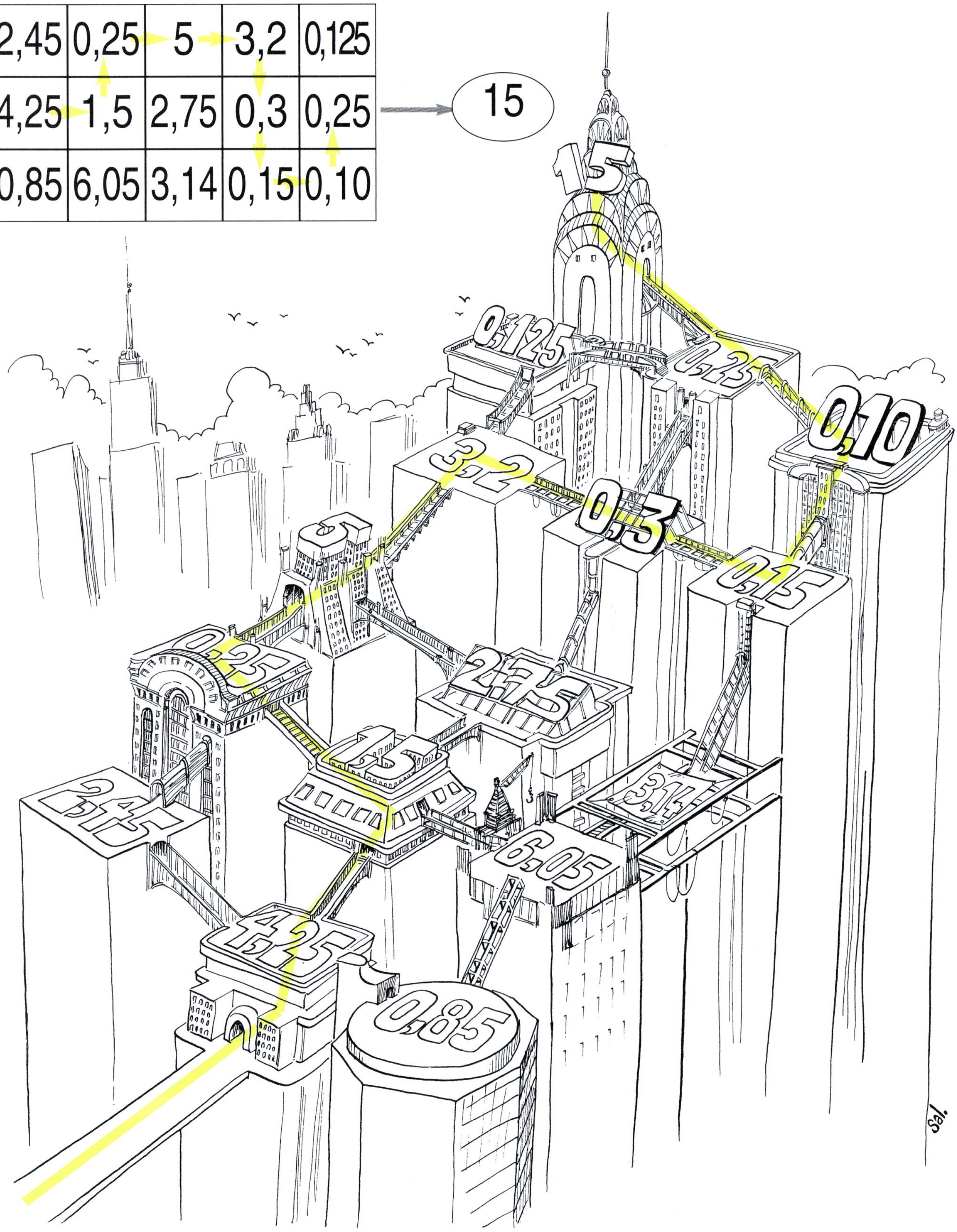

Labynombres

<table><tr><td>

Difficulté

1 2 ③

compétences exercées :
addition de décimaux

</td></tr></table>

Consigne

En additionnant les nombres rencontrés, trouve le chemin qui aboutit au total indiqué à la sortie. Attention, il faut éviter de circuler en diagonale et de passer deux fois dans la même case.

Jeu n° 37

Labynombre N° 9

2,5	0,5	6,4	3,9	2,8
6	1,7	5	0,5	0,2
4,5	2,3	2	0,3	5,5

Sortie : 10

Jeu n° 38

Labynombre N° 10

0,25	0,25	0,75	2	8
0,5	1	5,5	1,25	3,5
3,85	0,15	4,2	0,9	1,1

Sortie : 8

Jeu n° 39

Labynombre N° 11

12,5	1,5	0,4	7	4,8
4,3	0,25	1,75	0,6	0,35
2	0	3	1,05	0,60

Sortie : 21

Circuits numériques

Difficulté

(1) 2 3

compétences exercées :
propriétés opératoires

Consigne

Cherche le chemin qui mène à la sortie.
Il faut passer de case en case en ajoutant ou en retranchant le nombre indiqué.

Exemple

+2 ou -2

13	11	7	9	17
15	25	23	25	23
17	19	21	29	21
27	15	27	25	23
23	17	29	31	33

Jeu n° 40

+4 ou -4

36	32	28	24	20
33	36	40	36	24
28	63	54	32	36
56	52	48	44	40
62	56	42	38	36

Jeu n° 41

+3 ou -3

18	21	24	30	27
27	24	33	36	39
24	33	30	21	36
21	18	27	36	39
27	21	24	33	27

Jeu n° 42

+5 ou -5

55	50	35	40	35
60	45	40	35	55
55	70	55	60	65
50	45	50	75	70
65	60	65	70	25

Circuits numériques

Difficulté

1 (2) 3

compétences exercées :
propriétés opératoires

Consigne

Cherche le chemin qui mène à la sortie.
Il faut passer de case en case en ajoutant ou en retranchant le nombre indiqué.

Jeu n° 43

+6 ou -6

38	42	49	21	27
32	36	30	24	30
60	54	18	42	36
66	48	54	48	56
72	42	30	36	48

Jeu n° 44

+7 ou -7

56	49	42	77	70
63	70	77	84	63
70	56	42	49	56
77	42	35	28	27
65	35	48	56	28

Jeu n° 45

+8 ou -8

54	64	72	52	49
48	56	60	45	32
56	48	57	40	36
64	72	80	88	96
36	24	32	40	88

Jeu n° 46

+9 ou -9

45	37	29	38	47
56	65	56	47	29
47	38	65	60	45
36	29	20	11	28
42	35	42	2	37

Circuits numériques

Difficulté

1 ② 3

compétences exercées :
propriétés opératoires

Consigne

Cherche le chemin qui mène à la sortie.
Il faut passer de case en case en ajoutant,
en retranchant ou en multipliant le nombre indiqué.

Jeu n° 47

+2 ou x2

24	12	16	12	24
32	14	28	10	14
30	24	30	32	16
32	72	36	34	20
64	74	42	68	40

Jeu n° 48

-2 ou x2

24	22	11	9	7
30	32	16	18	14
60	30	28	26	24
36	40	44	46	48
72	80	42	40	52

Jeu n° 49

x5 ou -5

7	10	2	7	12
10	15	10	5	25
40	20	15	10	20
35	65	70	75	15
30	60	85	80	20

Jeu n° 50

x3 ou -3

9	12	15	18	6
33	36	45	15	3
48	45	42	39	36
96	42	90	30	33
36	39	87	33	39

Circuits numériques

Difficulté

1 2 ③

compétences exercées :
propriétés opératoires

Consigne

Cherche le chemin qui mène à la sortie : Il faut passer de case en case en ajoutant, en retranchant, en multipliant ou en divisant le nombre indiqué.

Jeu n° 51

+6 ou :2

2	4	8	14	20
5	6	12	6	10
8	10	4	8	16
6	5	11	17	9
9	10	15	23	15

Jeu n° 52

+2,5 ou x0,5

6	2,5	4,5	9	11
9	3,5	7	13	5,5
3	6	9	8	10,5
5,5	8	4	2	1
10,5	12	7	5	3,5

Jeu n° 53

+0,5 ou x2

7	5	5,5	6	12
10	15	10	12	25
24	26	13	12,5	20
35	26,5	27	29	15
30	60	54	27,5	20

Jeu n° 54

x10 ou :5

50	200	20	18	6
45	40	45	15	3
16	8	80	16	160
84	42	90	30	32
360	36	18	180	320

Le compte est rond

Difficulté

① 2 3

compétences exercées :
propriétés opératoires

Consigne
Avec les quatre cartes du tirage et à l'aide des quatre opérations, essaie d'obtenir les 10 nombres demandés. (Ajoute les parenthèses lorsque cela est nécessaire.)

Jeu n° 55

Les 4 nombres du tirage : 1 2 5 10

Nombres à trouver : *ta solution*
il peut y avoir d'autres solutions

Exemple : 14 = 10 + 5 + 1 - 2

18 = 1 + 2 + 5 + 10

17 = (1 x 2) + 5 + 10

100 = 10 x 5 x 2 x 1

26 = (10 x 2) + 5 + 1

53 = (10 x 5) + 2 + 1

7 = (10 - 5) + (2 x 1)

20 = (5 x 2) + (10 x 1)

45 = (10 + 5) x (2 + 1)

10 = (10 : 2) + (5 x 1)

1 = (2 + 1) - (10 : 5)

Le compte est rond

Consigne

Avec les quatre cartes du tirage et à l'aide des quatre opérations, essaie d'obtenir les 10 nombres demandés. (Ajoute les parenthèses lorsque cela est nécessaire.)

Difficulté

1 ② 3

compétences exercées :
propriétés opératoires

Jeu n° 56

Les 4 nombres du tirage : 1 7 5 25

Nombres à trouver : *ta solution*

il peut y avoir d'autres solutions

Exemple :	37	=	(1 x 7) + 5 + 25
	38	=	1 + 5 + 7 + 25
	50	=	1 x 25 x (7 - 5)
	75	=	(1 + 7 - 5) x 25
	3	=	7 x (5 - 1) - 25
	11	=	(25 : 5) + 7 - 1
	67	=	7 x (1 + 5) + 25
	17	=	7 x (1 + 5) - 25
	1000	=	5 x (7 + 1) x 25
	750	=	5 x (7 - 1) x 25
	132	=	(25 x 5) + (7 x 1)

Le compte est rond

Difficulté

1 2 ③

compétences exercées :
propriétés opératoires

Consigne
Avec les quatre cartes du tirage et à l'aide des quatre opérations, essaie d'obtenir les 10 nombres demandés. (Ajoute les parenthèses lorsque cela est nécessaire.)

Jeu n° 57

Les 4 nombres du tirage : 2 9 10 100

Nombres à trouver :		*ta solution* (il peut y avoir d'autres solutions)
Exemple : 200	=	2 x (10 - 9) x 100
121	=	100 + 10 + 9 + 2
29	=	2 x (100 : 10) + 9
14	=	100 : (2 x 10) + 9
51	=	(100 : 2) + (10 - 9)
10	=	(100 + 10) : (9 + 2)
80	=	(9 x 2 x 10) - 100
172	=	9 x (10 - 2) + 100
290	=	(100 x 2) + (9 x 10)
920	=	(100 x 9) + (2 x 10)
1011	=	(100 x 10) + 9 + 2

Le trésor de Calculus

Difficulté

① 2 3

compétences exercées :
évaluer une somme

Consigne

Le plan du trésor se trouve dans la salle ronde. A toi de trouver le bon chemin en évaluant les opérations qui barrent le passage entre les salles : tu ne peux passer que si le résultat est juste.

Jeu n° 58

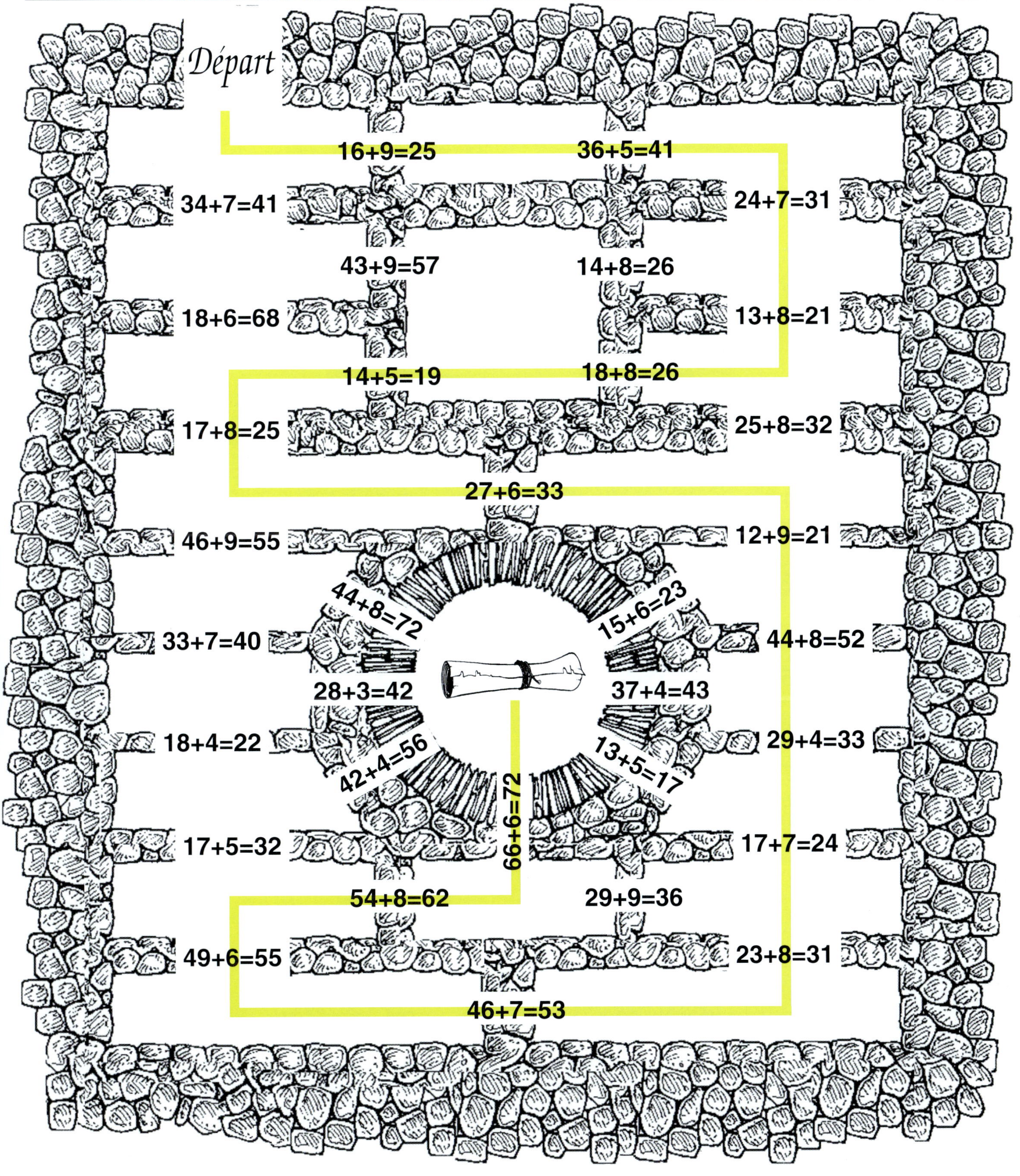

Le trésor de Minus

Difficulté
1 ② 3
compétences exercées :
évaluer une différence

Consigne

Le trésor est caché dans l'une des trois tours. A toi de trouver le bon chemin en évaluant les opérations qui barrent le passage entre les salles : tu ne peux passer que si le résultat est juste.

Jeu n° 59

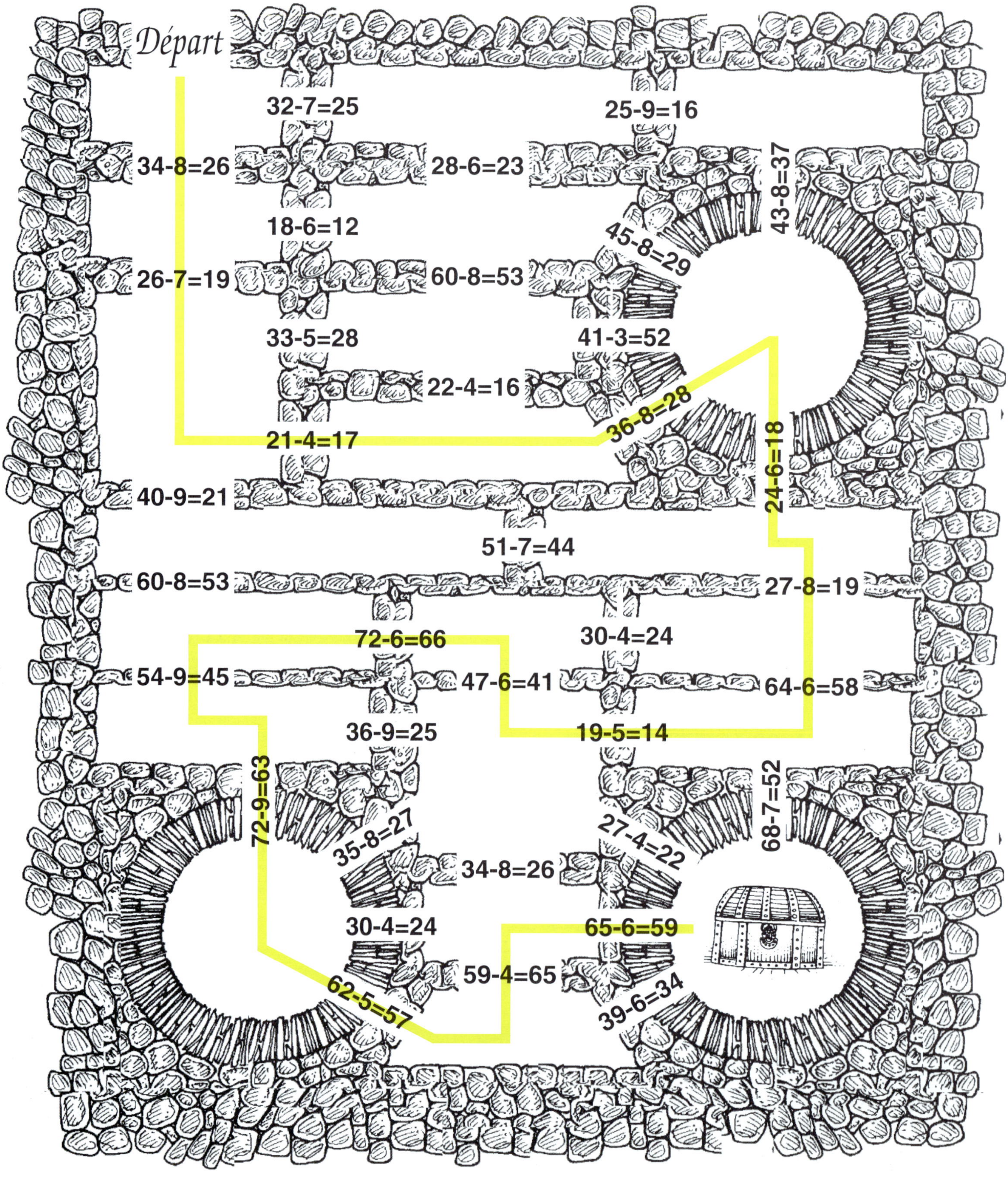

Le trésor de la table d'or

Difficulté

1 2 ③

compétences exercées :
évaluer un produit

Consigne

Le trésor est caché dans l'une des trois tours. A toi de trouver le bon chemin en évaluant les opérations qui barrent le passage entre les salles : tu ne peux passer que si le résultat est juste.

Jeu n° 60

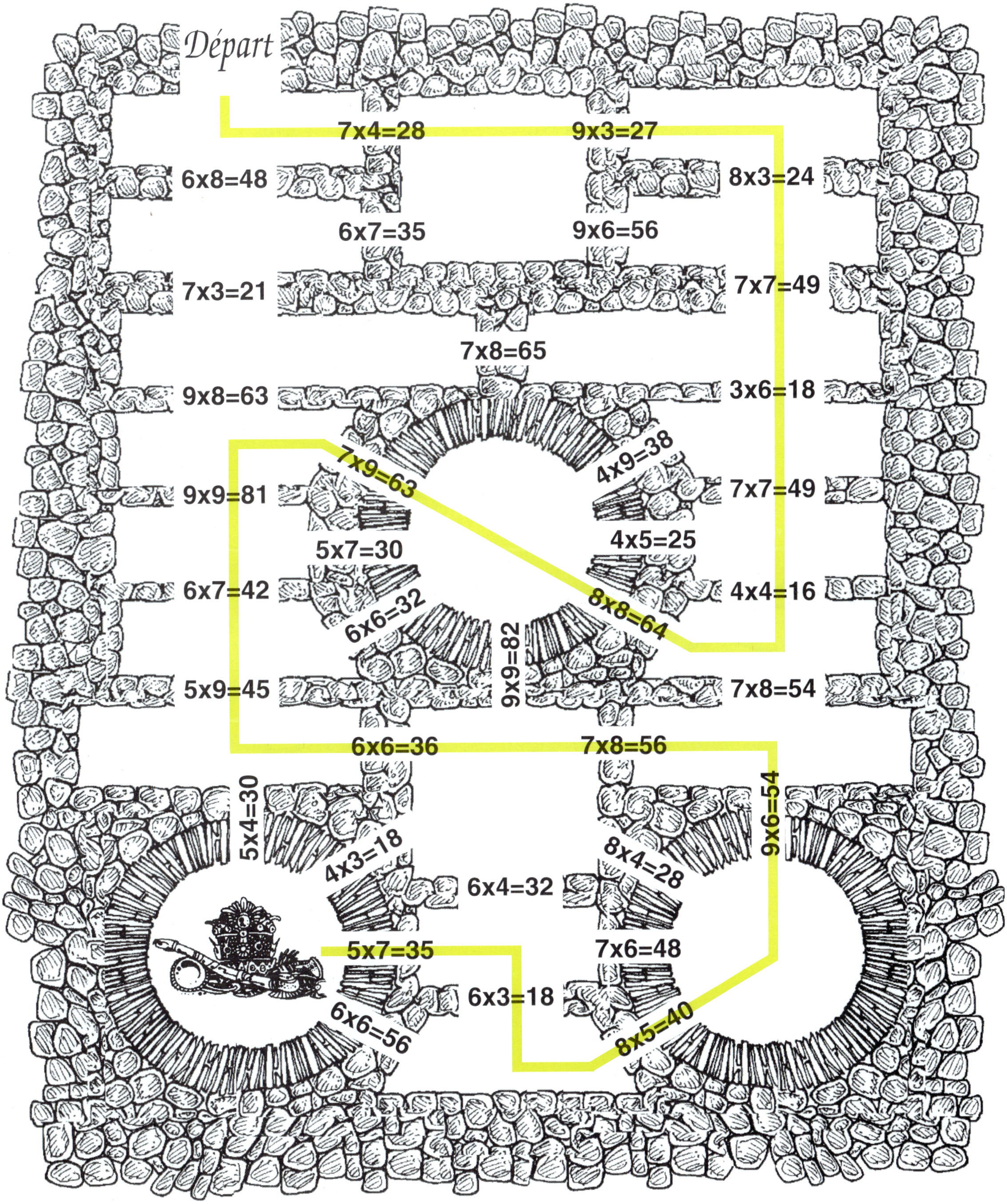

L'astro-nombre

Difficulté

① 2 3

compétences exercées :
raisonnement, hypothèses

Consigne

Place les cinq jetons numérotés dans les emplacements vides de chaque étoile de façon à totaliser le nombre astral sur chacun des cinq alignements de quatre pions.

Jeu n° 61

4 7 7 11 12

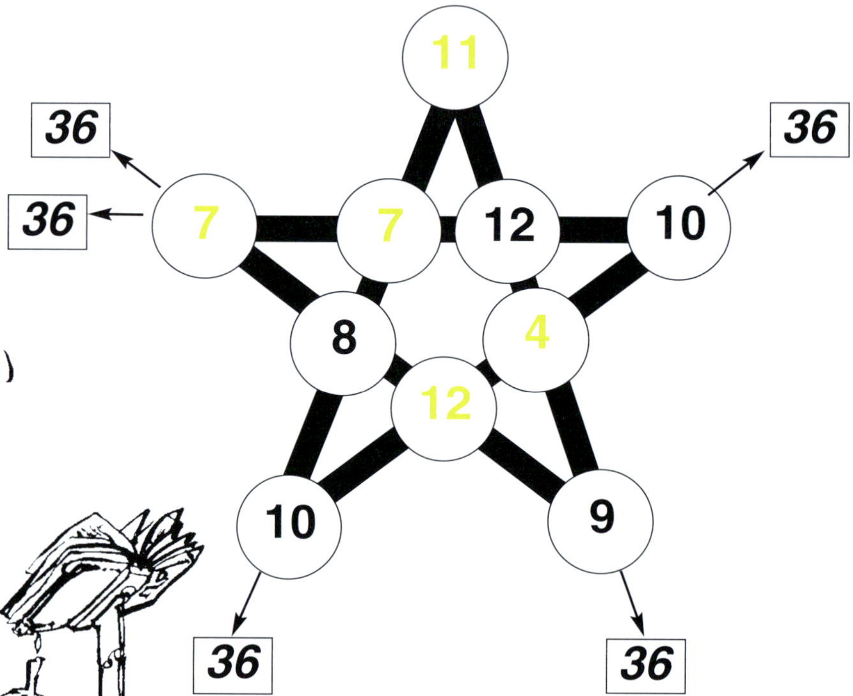

Jeu n° 62

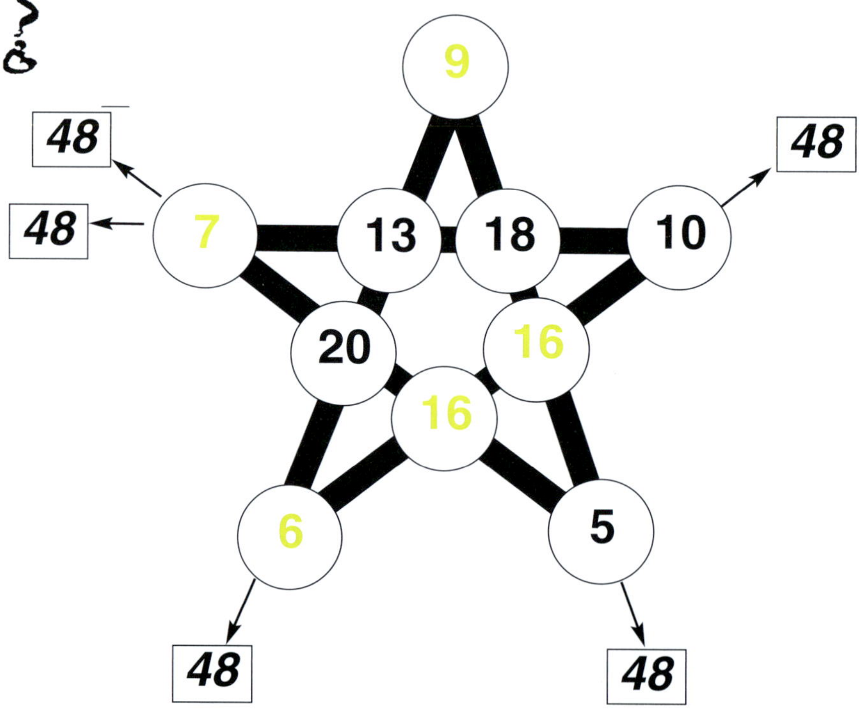

16 16

6 7 9

L'astro-nombre

Difficulté

① 2 3

compétences exercées :
raisonnement, hypothèses

Consigne

Place les cinq jetons numérotés dans les emplacements vides de chaque étoile de façon à totaliser le nombre astral sur chacun des cinq alignements de quatre pions.

Jeu n° 63

2 3 4 6 7

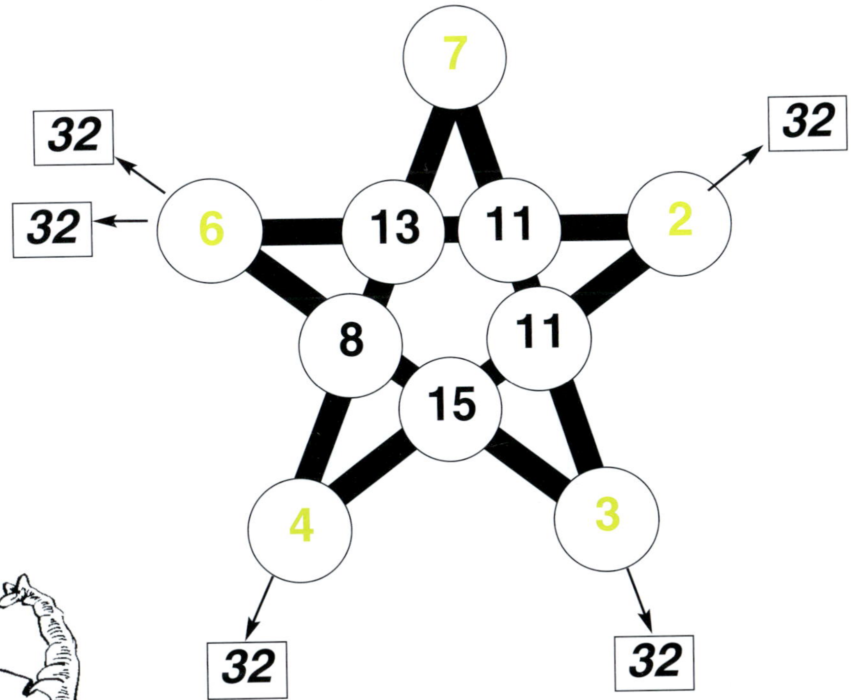

Jeu n° 64

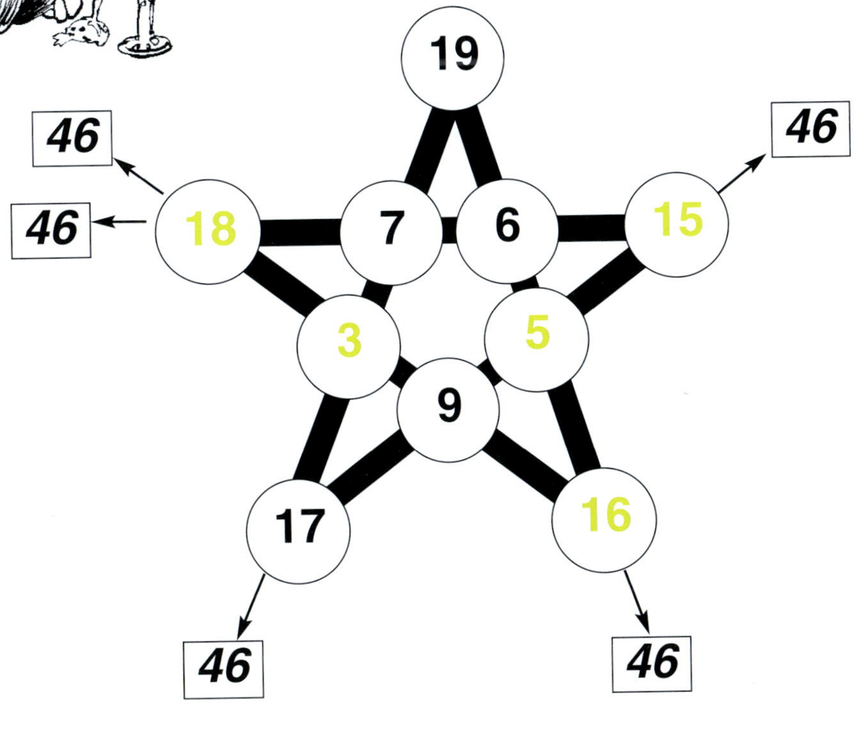

16 18

3 5 15

L'astro-nombre

Difficulté
1 ② 3
compétences exercées :
raisonnement, hypothèses

Consigne
Place les six jetons numérotés dans les emplacements vides de chaque étoile de façon à totaliser le nombre astral sur chacun des cinq alignements de quatre pions.

Jeu n° 65

11 18 19 20
21
22

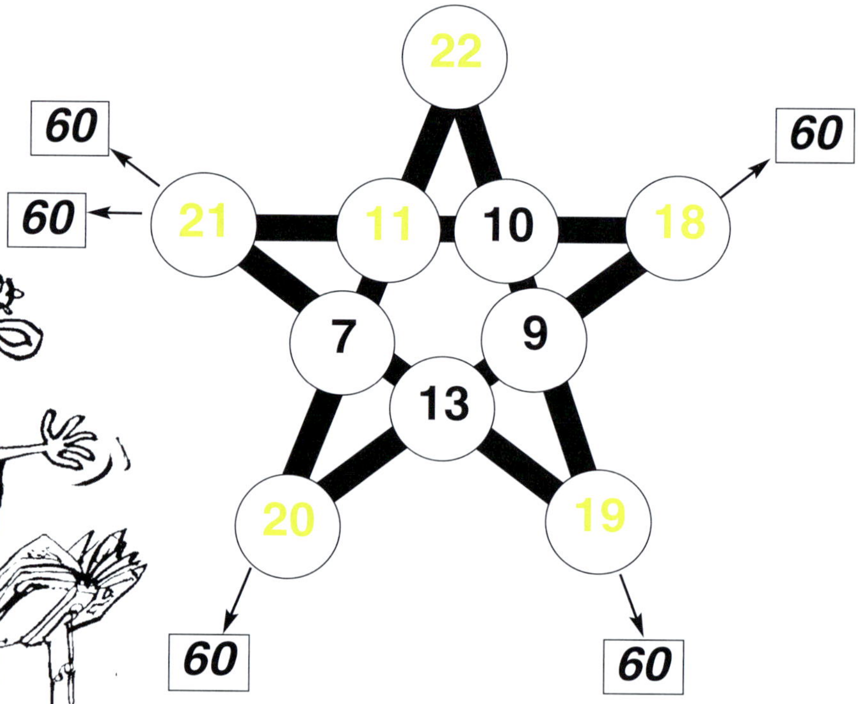

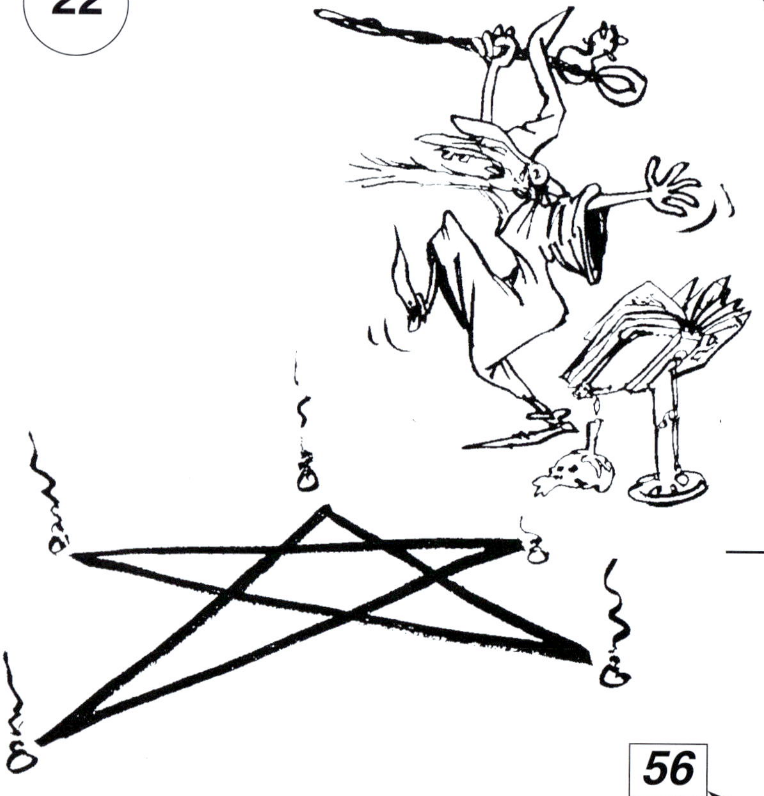

Jeu n° 66

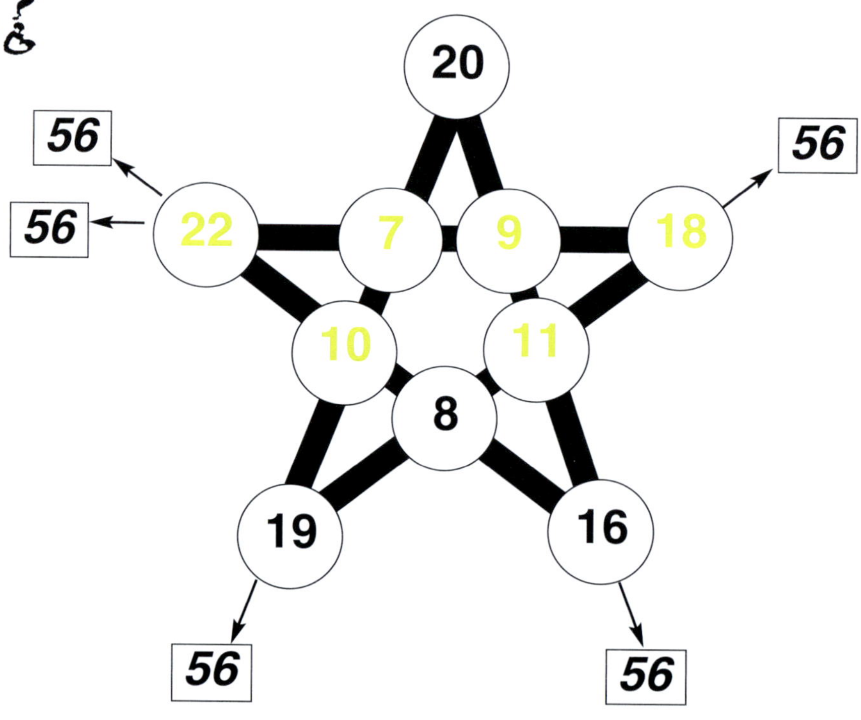

7
9 10
11 18 22

L'astro-nombre

Difficulté

1 (2) 3

compétences exercées :
raisonnement, hypothèses

Consigne

Place les six jetons numérotés dans les emplacements vides de chaque étoile de façon à totaliser le nombre astral sur chacun des cinq alignements de quatre pions.

Jeu n° 67

11 12 16 19 20 22

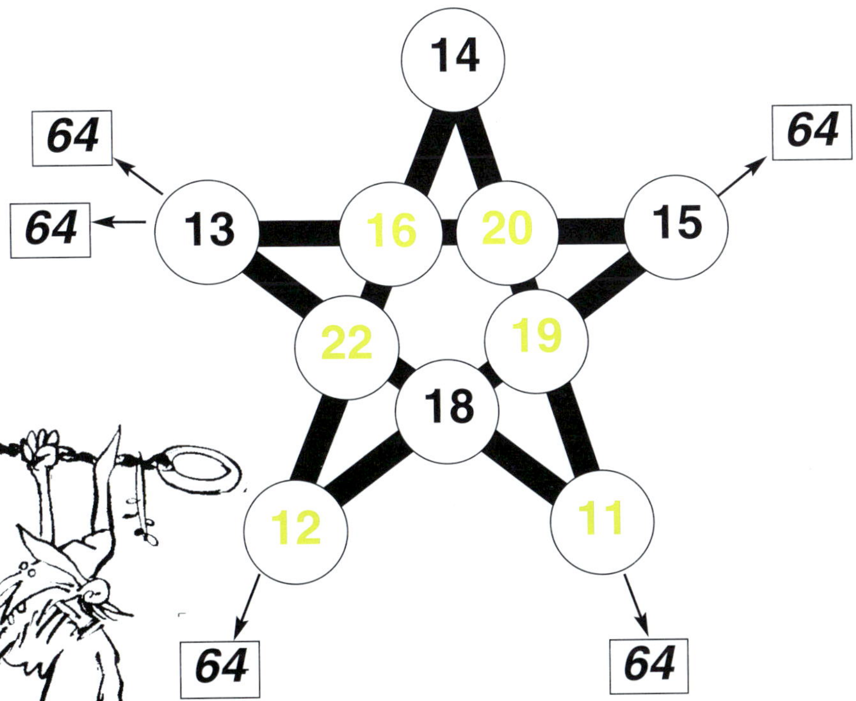

Jeu n° 68

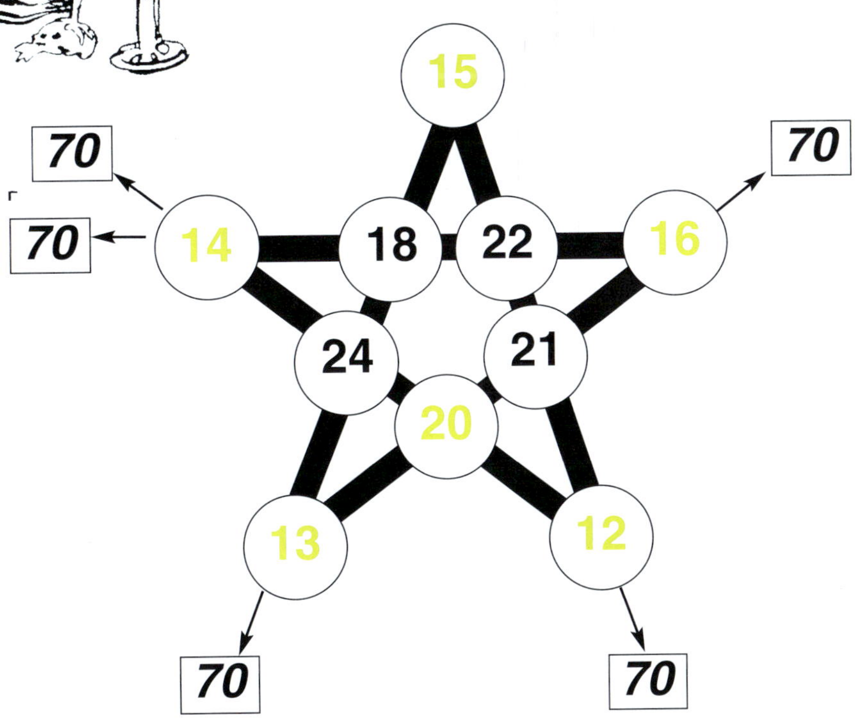

12 13 14 15 16 20

L'astro-nombre

Difficulté

1 2 **(3)**

compétences exercées :
raisonnement, hypothèses

Consigne

Place les sept jetons numérotés dans les emplacements vides de chaque étoile de façon à totaliser le nombre astral sur chacun des cinq alignements de quatre pions.

Jeu n° 69

14 15 18 19 21
23
25

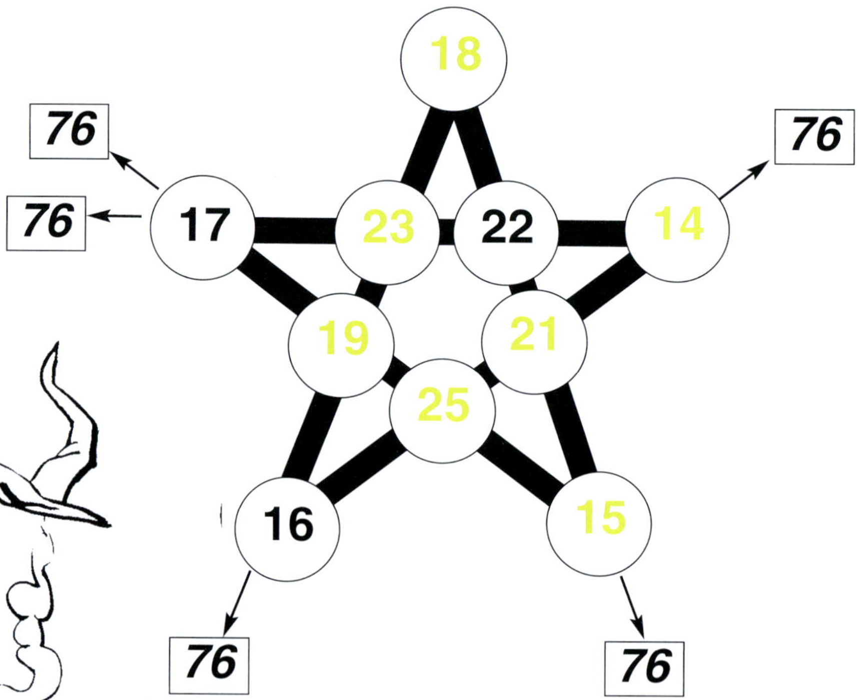

Jeu n° 70

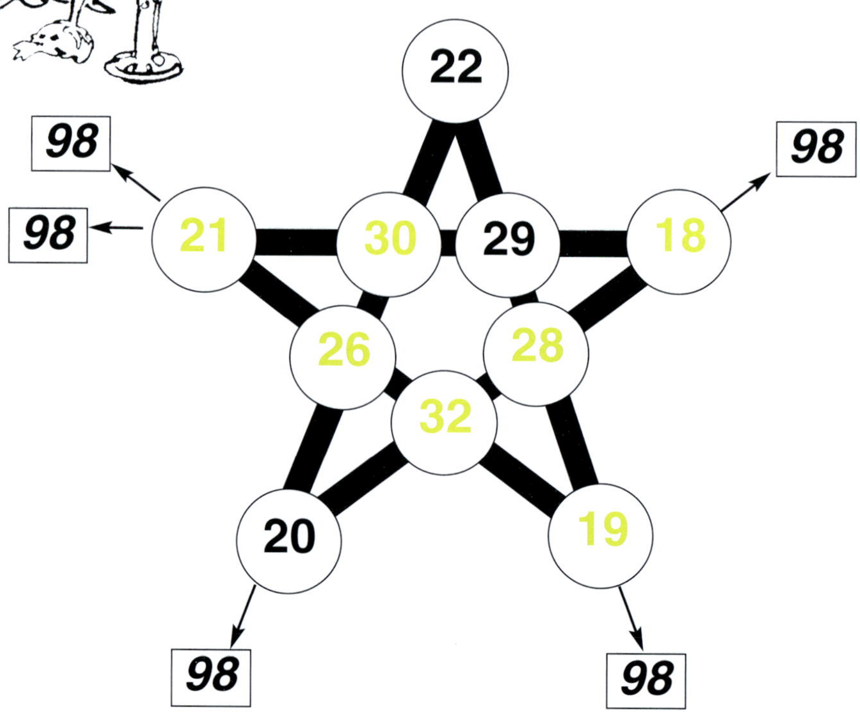

18 19 21
26 28 30 32

L'astro-nombre

Difficulté

1 2 ③

compétences exercées :
raisonnement, hypothèses

Consigne

Place les sept jetons numérotés dans les emplacements vides de chaque étoile de façon à totaliser le nombre astral sur chacun des cinq alignements de quatre pions.

Jeu n° 71

4 8 10 12 40 32 36

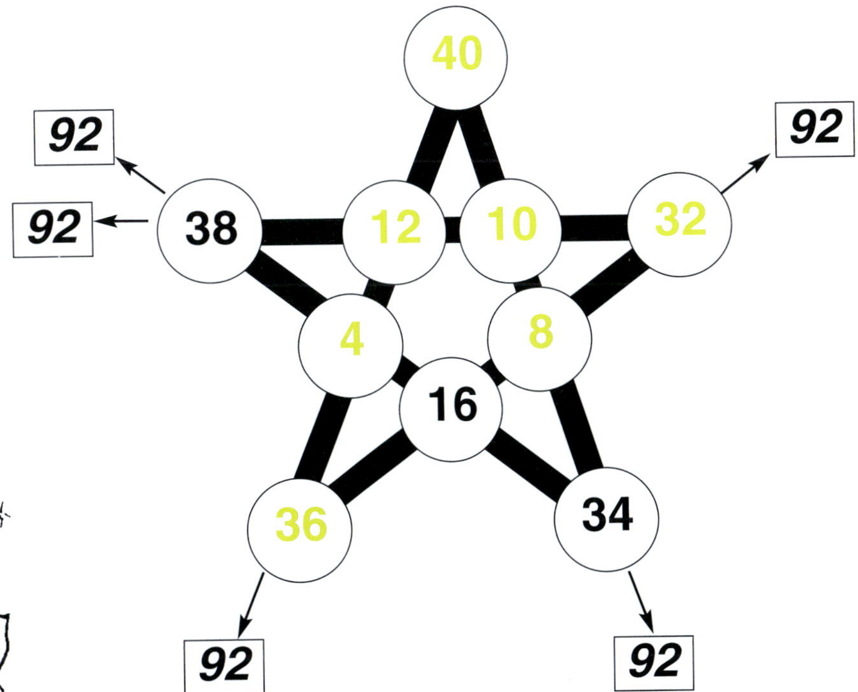

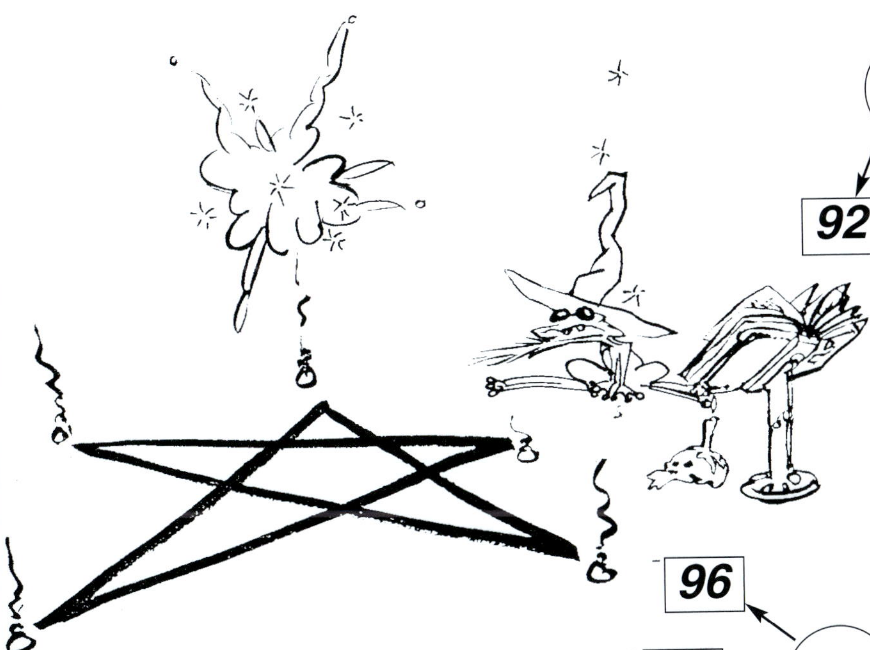

Jeu n° 72

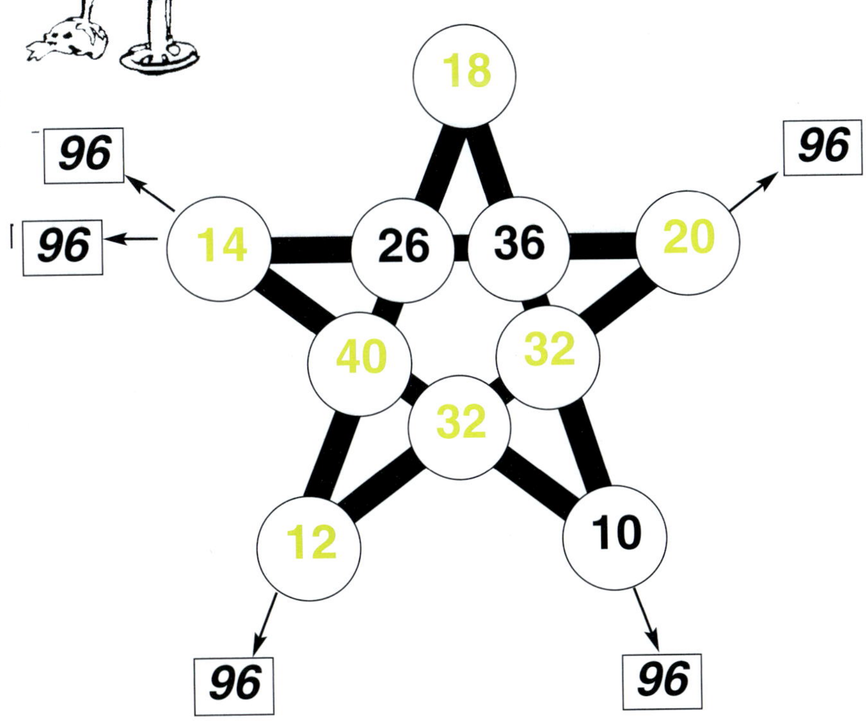

12 14 18

20 32 32 40

La ronde infernale

Difficulté
① 2 3
compétences exercées :
propriétés opératoires

Consigne
Trouve la valeur du nombre-clé qui permet de faire le tour du circuit et de retrouver le nombre de départ.
Aide :
Le nombre-clé est compris entre 0 et 20.

Exemple :

Le nombre-clé est : **13**

-3 ; -5 ; x2

16 ; *8*

Jeu n° 73

Le nombre-clé est : 7

-1 ; -3 ; x2

8 ; *4*

Jeu n° 74

Le nombre-clé est : 6

-2 ; -2 ; x2

8 ; *4*

Jeu n° 75

Le nombre-clé est : 12

x4 ; +3 ; :5

3 ; *15*

Jeu n° 76

Le nombre-clé est : 15

+5 ; :3 ; x2

10 ; *5*

La ronde infernale

Difficulté

1 (2) 3

compétences exercées :
propriétés opératoires

Consigne

Trouve la valeur du nombre-clé qui permet de faire le tour du circuit et de retrouver le nombre de départ.

Aide :

Le nombre-clé est compris entre 0 et 30.

Exemple :

Le nombre-clé est : **9** → (+1) → *10* → (x3) → *30* → (+6) → *36* → (:4) → Le nombre-clé

Jeu n° 77

Le nombre-clé est : **22** → (+8) → *30* → (x3) → *90* → (-2) → *88* → (:4) → Le nombre-clé

Jeu n° 78

Le nombre-clé est : **16** → (+4) → *20* → (x4) → *80* → (:10) → *8* → (x2) → Le nombre-clé

Jeu n° 79

Le nombre-clé est : **17** → (-5) → *12* → (x3) → *36* → (-2) → *34* → (:2) → Le nombre-clé

Jeu n° 80

Le nombre-clé est : **18** → (x5) → *90* → (+9) → *99* → (:11) → *9* → (x2) → Le nombre-clé

La ronde infernale

Difficulté
1 2 (3)
compétences exercées :
propriétés opératoires

Consigne
Trouve la valeur du nombre-clé qui permet de faire le tour du circuit et de retrouver le nombre de départ.
Aide :
Le nombre-clé est compris entre 0 et 30.

Jeu n° 81

Le nombre-clé est : 24 → :6 → 4 → x5 → 20 → +5 → 25 → x2 → 50 → -2 → 48 → :2 → Le nombre-clé

Jeu n° 82

Le nombre-clé est : 25 → x2 → 50 → :5 → 10 → x3 → 30 → +5 → 35 → :7 → 5 → x5 → Le nombre-clé

Jeu n° 83

Le nombre-clé est : 18 → -6 → 12 → :3 → 4 → x4 → 16 → -4 → 12 → :2 → 6 → x3 → Le nombre-clé

Master-nombre

Difficulté

1 ② 3

compétences exercées :
raisonnement, déduction

Consigne

Retrouve les trois nombres magiques du professeur Toutaneuf grâce aux indications :
x indique un chiffre bien placé.
o indique un chiffre mal placé.

Jeu n° 93

nombres essayés

4 9 5 1	x
3 1 6 9	
4 0 3 5	x o
3 1 2 8	o o
8 7 1 2	x o

Le premier nombre : 4 8 0 2

nombres essayés

6 9 4 3	o o
6 7 5 9	
9 6 0 7	x
3 8 6 0	x o o
2 4 1 3	x o

Le deuxième nombre : 3 4 0 8

nombres essayés

3 2 8 0	x
4 2 3 0	
7 1 0 9	x o o
2 7 5 3	x

Le troisième nombre : 1 7 8 9

Vérifie tes solutions : en additionnant les trois nombres, tu dois trouver 9999

Master-nombre

Consigne

Retrouve les trois nombres de la formule secrète du grand Maître Takapansé grâce aux indications :
x indique un chiffre bien placé.
o indique un chiffre mal placé.

Difficulté
1 2 ③
compétences exercées :
raisonnement, déduction

Jeu n° 94

3	2	1	4	o o
4	1	5	7	
6	7	0	4	x
7	2	3	0	x o
4	8	1	6	x o

Le premier nombre : 6 8 3 2

3	8	2	7	o x
7	3	2	4	x
8	7	9	5	x o
2	9	3	1	x o
7	5	1	2	x o o

Le deuxième nombre : 8 5 2 1

2	6	3	1	o
4	7	3	2	
9	1	7	4	o o
8	9	1	7	o o o
9	8	4	5	x o o

Le troisième nombre : 1 8 5 9

Décryptor-junior

Consigne

Essaie de décrypter les codes utilisés par les agents de la N.U.M. où chaque dessin représente un chiffre de 0 à 9. Pour t'aider, on te donne les sommes par ligne et par colonne.

Difficulté		
①	2	3

compétences exercées : ***raisonnement, déduction***

Jeu n° 95

Écris les 4 chiffres du code sur le message :

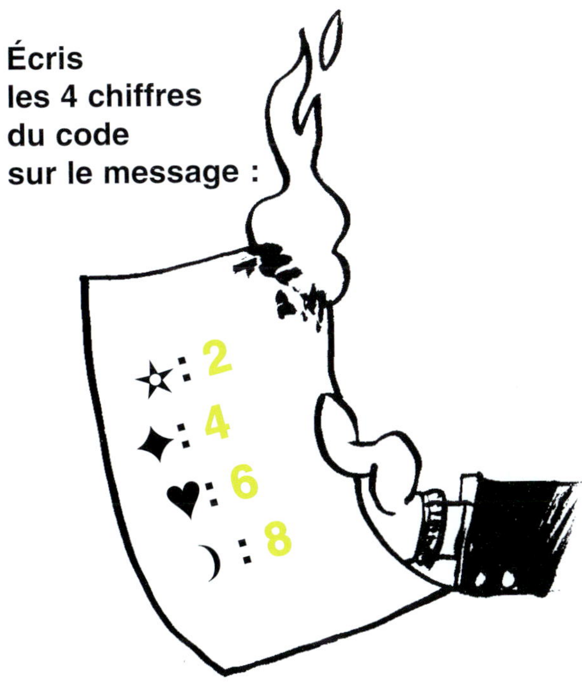

Jeu n° 96

Écris les 4 chiffres du code sur la valise :

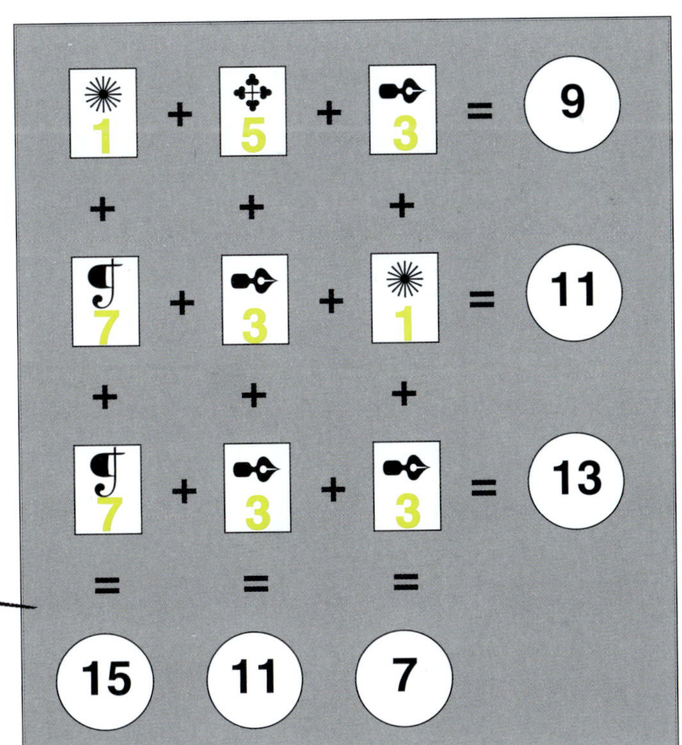

Décryptor-junior

Consigne
Essaie de décrypter les codes utilisés par les agents de la N.U.M. où chaque dessin représente un chiffre de 0 à 9. Pour t'aider, on te donne les sommes par ligne et par colonne.

Difficulté		
(1)	2	3

compétences exercées :
raisonnement, déduction

Jeu n° 97

Écris les 4 chiffres du code sur le message :

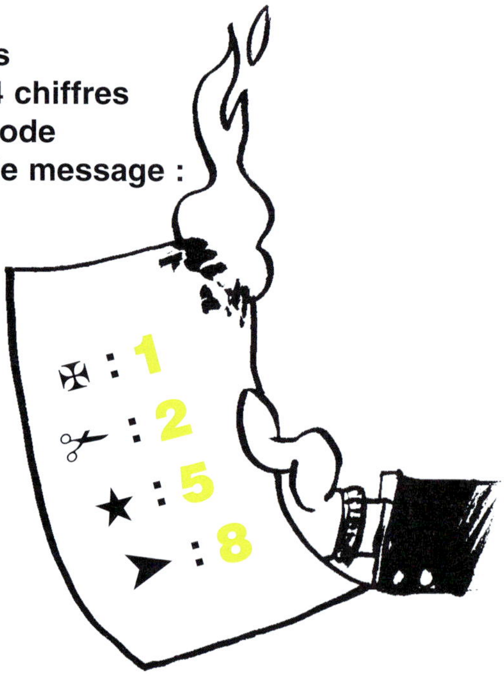

✠ 1	+	✂ 2	+	➤ 8	=	11
+		+		+		
➤ 8	+	★ 5	+	★ 5	=	18
+		+		+		
➤ 8	+	✂ 2	+	✂ 2	=	12
=		=		=		
17		9		15		

Jeu n° 98

Écris ici les 4 chiffres du code :

▲ 0	+	▲ 0	+	◗ 9	=	9
+		+		+		
✜ 6	+	● 3	+	● 3	=	12
+		+		+		
◗ 9	+	◗ 9	+	✜ 6	=	24
=		=		=		
15		12		18		

Décryptor-pro

Difficulté
1 **(2)** 3
compétences exercées : ***raisonnement, déduction***

Consigne

Essaie de décrypter les codes utilisés par les espions de la N.U.M. où chaque dessin représente un chiffre de 0 à 9. Pour t'aider, on te donne les sommes par ligne et par colonne.

Jeu n° 99

Écris les 4 chiffres du code sur le tableau :

❄ 3 +	▮ 4 +	▮ 4 +	❖ 5	= 16
✈ 6 +	✈ 6 +	❖ 5 +	❄ 3	= 20
❄ 3 +	❖ 5 +	❖ 5 +	✈ 6	= 19
= 12	= 15	= 14	= 14	

Jeu n° 100

Écris les 4 chiffres du code sur le message :

✆ 9 +	✍ 7 +	✍ 7 +	✍ 7	= 30
✍ 7 +	✆ 9 +	✆ 9 +	✂ 8	= 33
✌ 6 +	✆ 9 +	✂ 8 +	✌ 6	= 29
= 22	= 25	= 24	= 21	

Décryptor-pro

Consigne

Essaie de décrypter les codes utilisés par les espions de la N.U.M. où chaque dessin représente un chiffre de 0 à 9. Pour t'aider, on te donne les sommes par ligne et par colonne.

Difficulté
1 ② 3
compétences exercées : ***raisonnement, déduction***

Jeu n° 101

Écris les 4 chiffres du code sur le message :

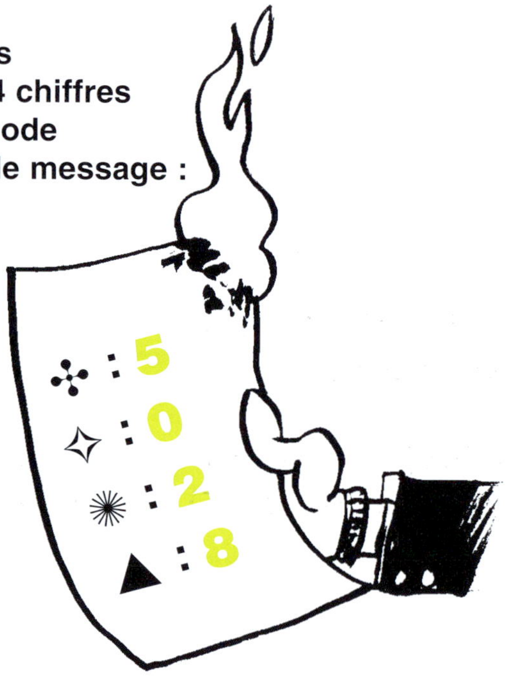

▲ 8	+	✧ 0	+	▲ 8	+	✣ 5	=	21
+		+		+		+		
✣ 5	+	▲ 8	+	✺ 2	+	✺ 2	=	17
+		+		+		+		
✣ 5	+	✧ 0	+	✺ 2	+	▲ 8	=	15
=		=		=		=		
18		8		12		15		

Jeu n° 102

Écris les 4 chiffres du code sur la pierre :

✿ 9	+	♥ 1	+	✿ 9	+	♥ 1	=	20
+		+		+		+		
✇ 6	+	✿ 9	+	✂ 4	+	✂ 4	=	23
+		+		+		+		
✇ 6	+	♥ 1	+	✿ 9	+	✂ 4	=	20
=		=		=		=		
21		11		22		9		

Décryptor-expert

Difficulté

1 2 ③

compétences exercées :
raisonnement, déduction

Consigne

Essaie de décrypter les codes utilisés par les experts de la M.U.L.T. où chaque dessin représente un chiffre de 0 à 9. Pour t'aider, on te donne les sommes par ligne et les produits par colonne.

Jeu n° 103

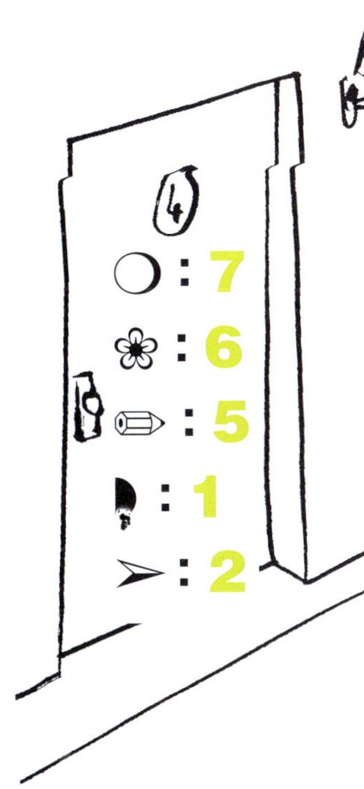

Écris les 5 chiffres du code sur la porte

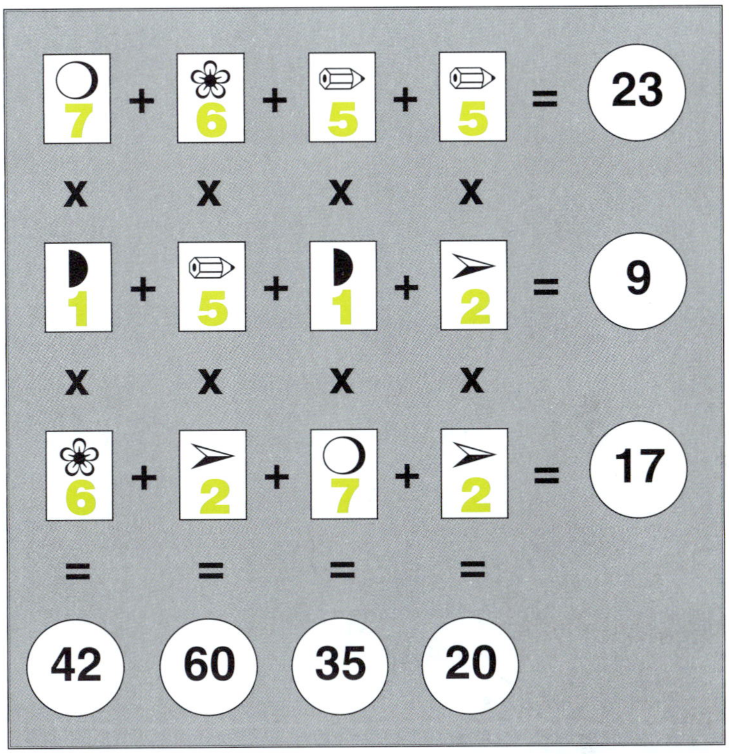

Jeu n° 104

Écris les 5 chiffres du code :

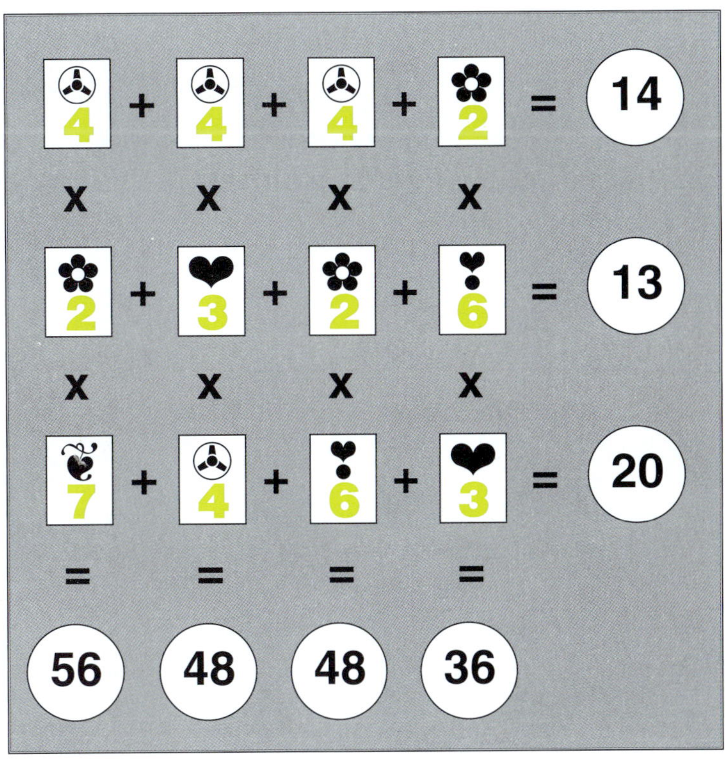

Décryptor-expert

Consigne

Essaie de décrypter les codes utilisés par les experts de la M.U.L.T. où chaque dessin représente un chiffre de 0 à 9. Pour t'aider, on te donne les sommes par ligne et les produits par colonne.

Difficulté

1 2 **3**

compétences exercées :
raisonnement, déduction

Jeu n° 105

Écris les 5 chiffres du code :

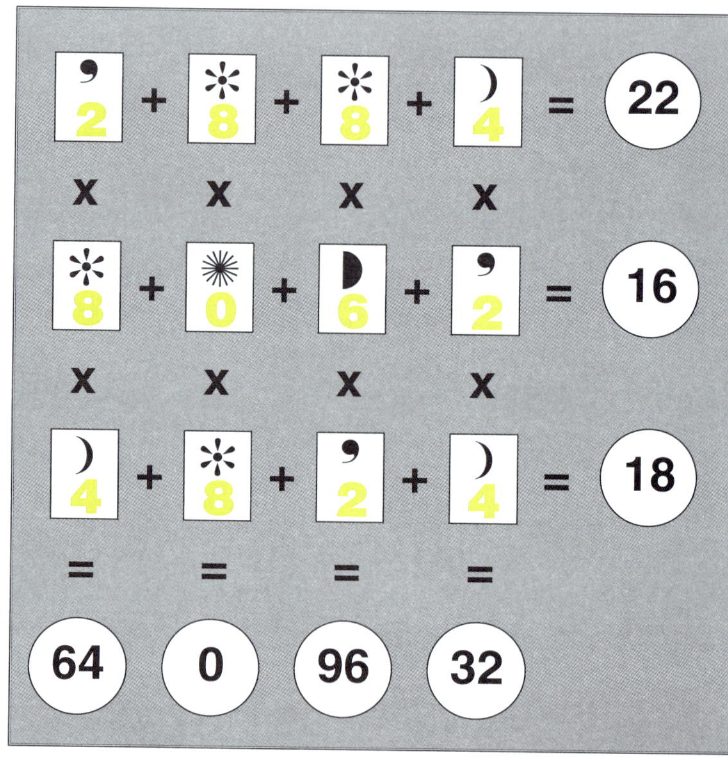

Jeu n° 106

Écris les 5 chiffres du code sur le panneau

Sur la piste de Méga

Difficulté
① 2 3

compétences exercées :
utiliser la calculatrice

Consigne

A l'aide de la calculatrice, trouve le chiffre compris entre 1 à 9 qui te permettra d'atteindre la planète MEGA.

Jeu n° 107

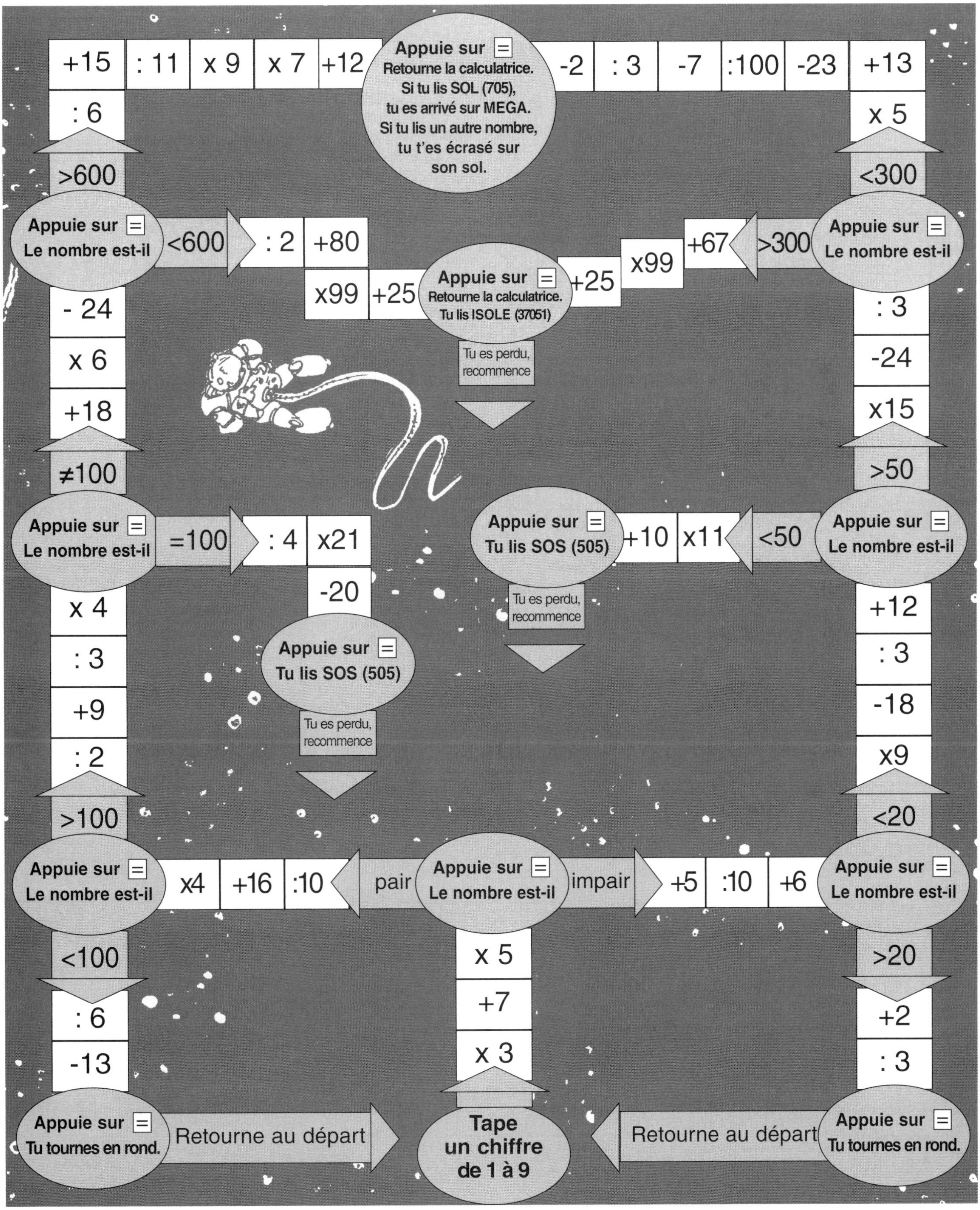

Sur la piste de Méga II

Difficulté		
1	(2)	3

compétences exercées :
utiliser la calculatrice

Consigne

A l'aide de la calculatrice, trouve le nombre compris entre 1 à 25 qui te permettra d'atteindre la planète MEGA II.

Jeu n° 108

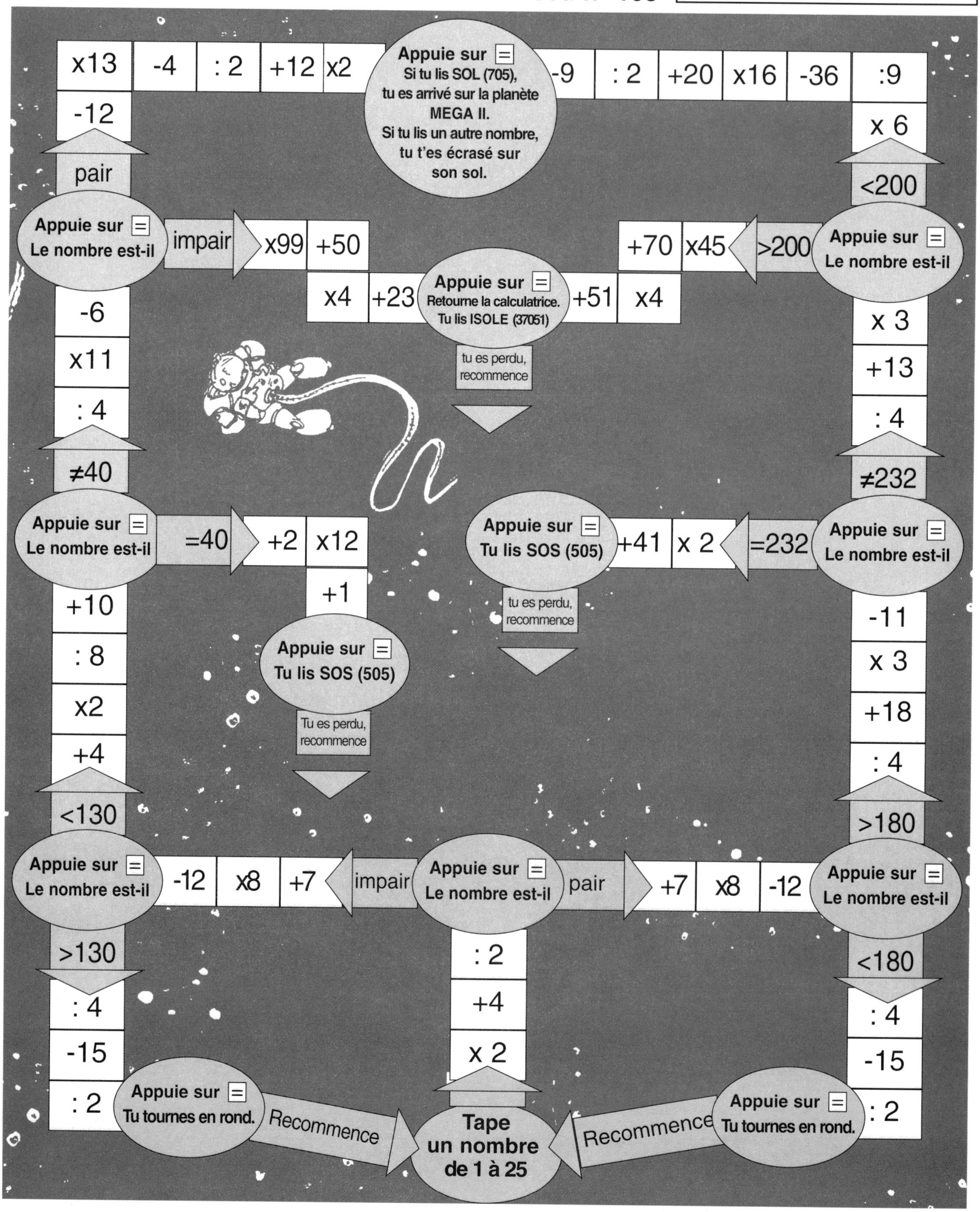

Le Maître des nombres

Difficulté

① 2 3

compétences exercées :
utiliser la calculatrice

Consigne

Voici Estimator, le robot qui calcule plus vite que son nombre. Pour jouer avec lui, tu vas utiliser ton cybercalculateur (ton cerveau) et une calculatrice, (uniquement lorsque c'est indiqué).

Jeu n° 109

Voici ce que tu vas faire :

1. Avec ton cybercalculateur et un crayon de couleur, colorie les étiquettes dont les résultats sont impossibles :

- en rouge, lorsque le résultat a trop de chiffres.

- en jaune, lorsqu'il n'a pas assez de chiffres.

- en bleu, lorsque le dernier chiffre est impossible.

2. Avec la calculatrice trouve les résultats exacts et colorie-les en vert.

Si tu ne t'es pas trompé, tu verras apparaître dans la grille, 5 lettres de couleur, du mot ESTIMATOR.

3596 + 5769	**10365**	**35955**	**8366**	**9364**	**9367**
12430 - 2642	**10758**	**9688**	**9782**	**8248**	**9787**
15206 - 5260	**10054**	**10156**	**9944**	**8266**	**9412**
6738 + 3207	**9045**	**10945**	**9954**	**9745**	**9946**
23632 - 15543	**10189**	**12889**	**8081**	**8275**	**8141**
8367 + 1733	**9100**	**9910**	**10000**	**10190**	**10100**
16075 - 6059	**9916**	**10124**	**11225**	**10127**	**10016**
43836 + 56228	**99604**	**98064**	**100165**	**100264**	**100064**
2514 - 1627	**87**	**967**	**884**	**937**	**887**
14343 - 4248	**9295**	**8945**	**10196**	**10295**	**10095**

Le Maître des nombres

Difficulté
1 ② 3
compétences exercées : ***utiliser la calculatrice***

Consigne

Voici Estimator, le robot qui calcule plus vite que son nombre. Pour jouer avec lui, tu vas utiliser ton cybercalculateur (ton cerveau) et une calculatrice, (uniquement lorsque c'est indiqué).

Jeu n° 110

Voici ce que tu vas faire:

1. Avec ton cybercalculateur et un crayon de couleur, colorie les étiquettes dont les résultats sont impossibles :

- en rouge, lorsque le résultat a trop de chiffres.
- en jaune, lorsqu'il n'a pas assez de chiffres.
- en bleu, lorsque le dernier chiffre est impossible.
- en violet, lorsque le premier chiffre est impossible.

2. Avec la calculatrice trouve les résultats exacts et colorie-les en vert.

6945 x 7	38615	49530	9535	48615	470675
2864 x 4	124234	13624	11456	8684	7264
783 x 35	8345	24320	10715	245275	27405
306 x 22	6732	66502	5932	6736	672
92 x 54	36508	498	2938	4968	4692
817 x 42	3854	304614	60544	38608	34314
108 x 64	63532	6912	672	4562	6918
918 x 32	2676	58266	27609	283516	29376
4267 x 9	36544	72573	38403	6563	312603
346 x 23	74318	788	3948	7652	7958

Le Maître des nombres

Difficulté
1 2 (3)
compétences exercées :
utiliser la calculatrice

Consigne

Voici Estimator, le robot qui calcule plus vite que son nombre. Pour jouer avec lui, tu vas utiliser ton cybercalculateur (ton cerveau) et une calculatrice, (uniquement lorsque c'est indiqué).

Jeu n° 111

Voici ce que tu vas faire:

1. Avec ton cybercalculateur et un crayon de couleur, colorie les étiquettes dont les résultats sont impossibles :

- en rouge, lorsque la partie entière est trop petite.

- en jaune, lorsque la partie entière a trop de chiffres.

- en bleu, lorsqu'il y a une erreur dans la partie décimale.

2. Avec la calculatrice trouve les résultats exacts et colorie-les en vert.

842,75 + 58,50	8428,25	89,250	901,25	904,125
246 + 9,55 + 72,45	328	2469,0	188,0	336,90
1460,5 - 683,25	257,25	764,75	2043,25	777,25
2367,80 - 1425,75	3782,5	942,05	236,05	957,55
8,25 x 6	4,95	48,12	49,5	485,6
65 x 0,35	6,15	22,75	23,7	135,5
126,3 x 8	1010,4	62,4	937,9	8730,4
98 x 1,52	95,6	115,9	148,96	981,56
3,14 x 42	131,88	12,28	128,5	432,38
1500 x 0,15	15,15	150,6	225	1750,15

Tours de nombres

Difficulté **1** 2 3

compétences exercées :
utiliser la calculatrice

Consigne

Ces suites de calculs te donnent toujours le même nombre, quel que soit le nombre entré en premier. Exerce-toi à les réaliser avec un camarade de classe : tu peux annoncer que tu vas deviner le nombre final (qui sera toujours 13 ou 9).

Jeu n° 112

Le tour du 13

Ce que tu dis :	***Ce que ton camarade doit faire sur sa calculatrice :***
Pense à un nombre de 3 chiffres et entre-le dans la calculatrice.	[5] [8] [2] (exemple)
Entre-le une deuxième fois à la suite :	[5] [8] [2]
Divise par 7	[÷] [7]
Divise par le nombre de départ :	[÷] [5] [8] [2]
Divise par 11	[÷] [1] [1]
Presse ensuite la touche =	[=]

Tu annonces le résultat : 13

Jeu n° 113

Le tour du 9

Ce que tu dis :	***Ce que ton camarade doit faire sur sa calculatrice***	***sur une feuille***
Écris n'importe quel nombre de 4 chiffres sur une feuille.		**7648**
Mélange ses chiffres pour faire un nouveau nombre.		**4867**
Entre le plus grand.	[7] [6] [4] [8]	
Soustrais le plus petit.	[−] [4] [8] [6] [7]	
Appuie sur = et note le résultat.	[=]	**2781**
Vide la calculatrice et additionne chaque chiffre de ce résultat.	[C] [2] [+] [7] [+] [8] [+] [1]	
Appuie sur = et note le résultat.	[=]	**18**
Si le résultat a plus d'un chiffre, vide la calculatrice et additionne chaque chiffre de ce résultat.	[C] [1] [+] [8]	
Appuie sur =	[C]	***Tu obtiens 9***

Tours de nombres

Difficulté

1 ② 3

compétences exercées :
utiliser la calculatrice

Consigne
Voici deux autres tours de nombres à proposer à un camarade. Il sera étonné par tes capacités de devin.

Jeu n° 114

Détecteur de date de naissance

Ce que tu dis :

Entre le jour de ta naissance.

Multiplie par 20, ajoute 3 et multiplie par 5.

Ajoute le nombre représentant le mois de la naissance.

Multiplie par 20, ajoute 3 et multiplie par 5.

Ajoute les deux derniers chiffres de l'année.

Presse ensuite la touche =

Prends alors la calculatrice et ôte 1515 du nombre affiché à l'écran. Puis en lisant les chiffres de gauche à droite, tu as le jour, le mois et l'année de sa naissance.

Ce que ton camarade doit faire sur sa calculatrice :

[7] (exemple si il est né le 7 septembre 1986)

[x] [2] [0] [+] [3] [x] [5]

[+] [9] (exemple pour le mois de Septembre)

[x] [2] [0] [+] [3] [x] [5]

[+] [8] [6]

[=]

Il obtient : 72501

[-] [1] [5] [1] [5]

[=]

Tu obtiens : 70986

Jeu n° 115

Deviner un nombre

Ce que tu dis :

Choisis un nombre et entre-le dans la calculatrice.

Multiplie par 2, ajoute 4 et divise par 2.

Ajoute 7, multiplie par 8 et enlève 12.

Divise par 4 et enlève 11.

Prends alors la calculatrice, enlève 4 du nombre affiché et divise par 2.

Appuie sur = , le résultat est le nombre que ton camarade avait entré.

Ce que ton camarade doit faire sur sa calculatrice :

[7] [6] (exemple)

[x] [2] [+] [4] [÷] [2]

[+] [7] [x] [8] [-] [1] [2]

[÷] [4] [–] [1] [1]

[-] [4] [÷] [2] [=]

Tu obtiens : 76

L'énigme du père Lenor

Difficulté

① 2 3

compétences exercées :
utiliser la calculatrice

Jeu n° 116

Consigne

Un tableau de valeur qui se trouvait dans la villa du père Lenor a disparu. Le commissaire Lanquet soupçonne cinq suspects qui ont été vus à l'hôtel du Rivage et au Café du Coin. Aide-le à retrouver le coupable.

Voici les indices à ta disposition :
Tu connais le nom des 5 suspects : M. GOLDE, Mme SISSI, M. BOSS, M. GILOS et Mme BIGLE.
En vérifiant tous les itinéraires possibles qui partent de l'hôtel ou du café, tu vas pouvoir retrouver le coupable qui est le seul à être passé par la villa du père Lenor.
Pour y arriver, additionne les différentes distances et, en retournant la calculatrice, tu pourras retrouver les noms des 5 suspects et connaître le coupable qui s'est rendu à la villa du père Lenor.

Exemple : *Tu additionnes 3246+12269 = 15515. En retournant la calculatrice, tu lis SISSI. Mme SISSI a donc suivi l'itinéraire qui va de l'hôtel du Rivage à la villa des Roses en passant par le Rond-point. Comme elle n'est pas passée chez le père Lenor, elle n'est coupable.*

Note ici les itinéraires et le nom des personnes que tu as trouvés :
M. GOLDE :
M. BOSS :
M. GILOS :
Mme BIGLE :
Le nom du coupable :

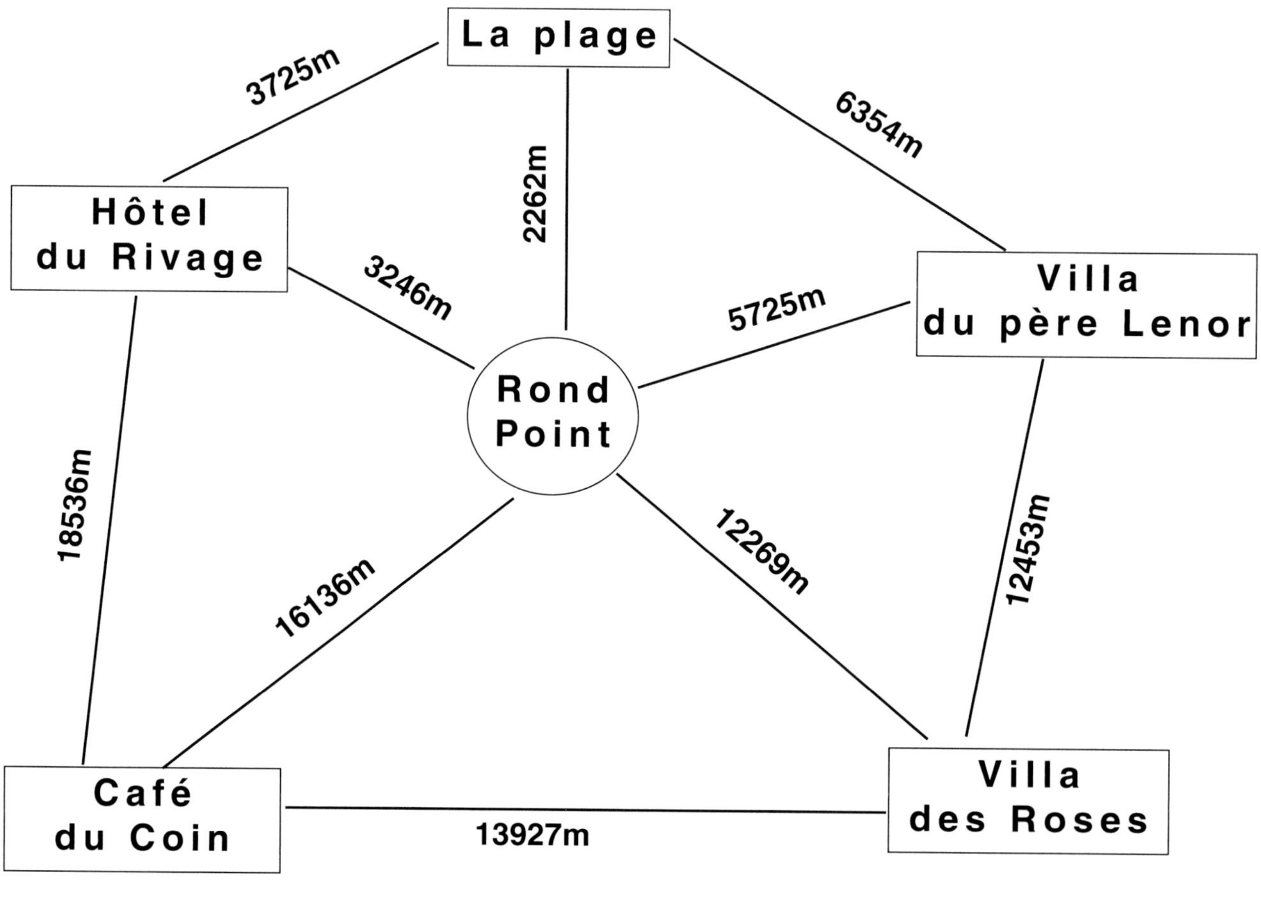

Vol au Casino Crésus

Difficulté

1 ② 3

compétences exercées :
utiliser la calculatrice

Consigne

Dix chèques ont été volés dans la caisse du Casino Crésus par un client indélicat qui a profité d'un moment d'absence du caissier de 19h30 à 19h35.
Aide le commissaire Bolumbo à trouver le coupable.

Jeu n° 117

Voici les indices à ta disposition :

Six suspects ont été vus au Casino Crésus le soir du vol. Vérifie leurs alibis en calculant le chemin le plus court qu'ils auraient pu emprunter pour être au Casino Crésus à 19h30.
Les alibis des 6 suspects :
M. Björnsohn était au Bowling à 18h40
M. Luis était au Night-club à 18h45
M. Kakumba était au restaurant « Le Gastronome » à 18h30
M. Charly était à l'Hôtel Luxus à 18h50
M. Goble était au centre d'affaires à 18h50
M. Smith était au cinéma à 18h55
Qui pouvait être au casino à 19h30 ?

Dans la poche du coupable, on a retrouvé un chèque de 13578 €, quatre chèques de 140 €, un chèque de 20930 €, trois chèques de 400 € et un chèque de 1538 €.
Fais le total et en retournant la calculatrice, tu connaîtras le nom du coupable.
Le nom du coupable :

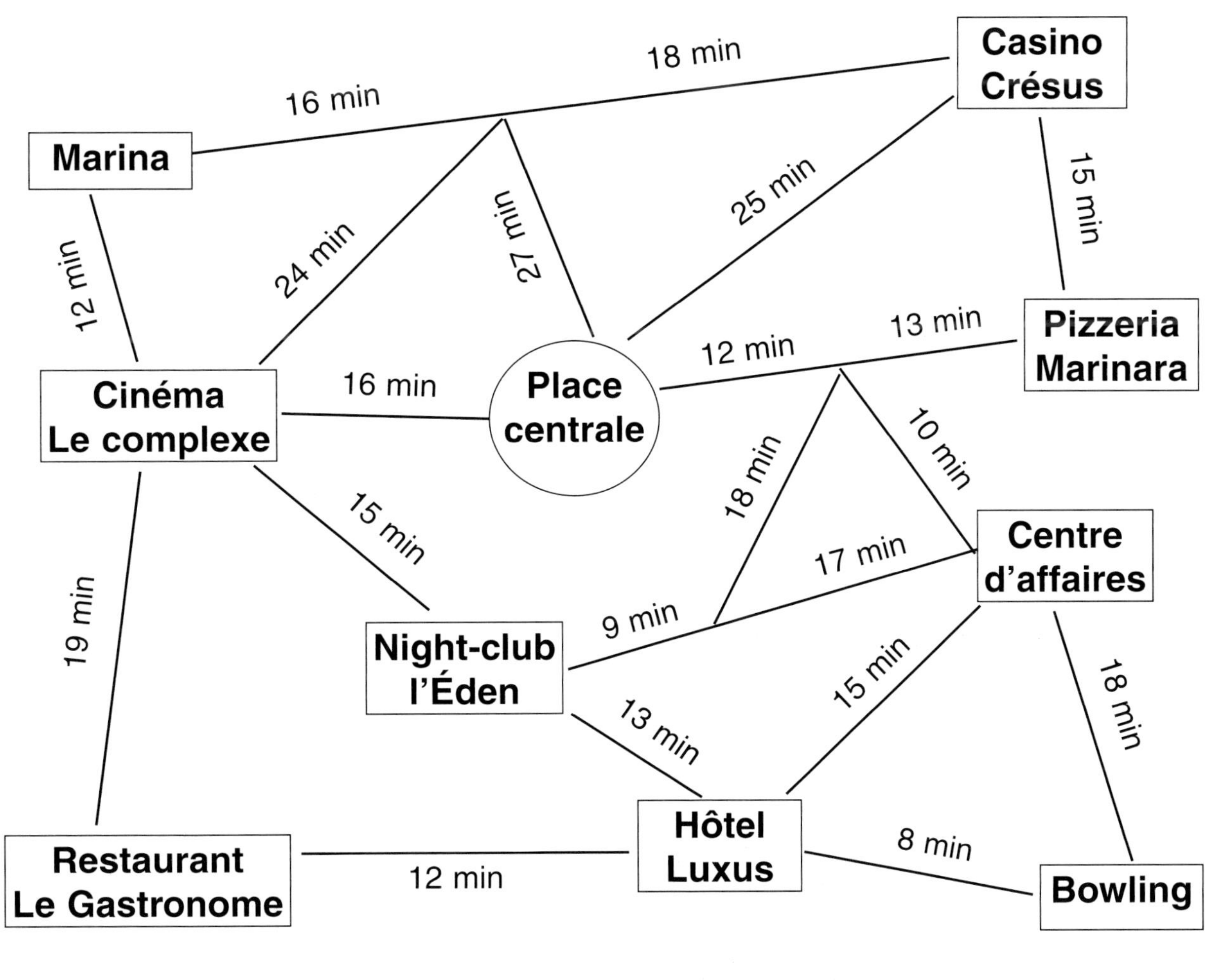

Problèmes numériques

Difficulté

1 2 ③

compétences exercées :
utiliser la calculatrice

Consigne

A l'aide de la calculatrice, essaie de résoudre ces différents problèmes. Tu peux procéder par essais et tâtonnements, mais tu découvriras peut-être quelques propriétés mathématiques amusantes.

Problème N° 118

Calcule la somme des 20 premiers nombres : 1+2+3.......+18+19+20 — *Réponse :* 210

Calcule la somme des 50 premiers nombres : 1+2+3.......+48+49+50 — *Réponse :* 1275

Calcule la somme des 100 premiers nombres : 1+2+3......+98+99+100 — *Réponse :* 5050

Tu n'es pas obligé d'additionner tous ces nombres, tu peux trouver la solution en deux calculs.

Problème N° 119

Écrire 75 sous forme de somme de 3 nombres qui se suivent, puis sous forme de somme de 5 nombres qui se suivent.

Réponse : 24+25+26 et 13+14+15+16+17

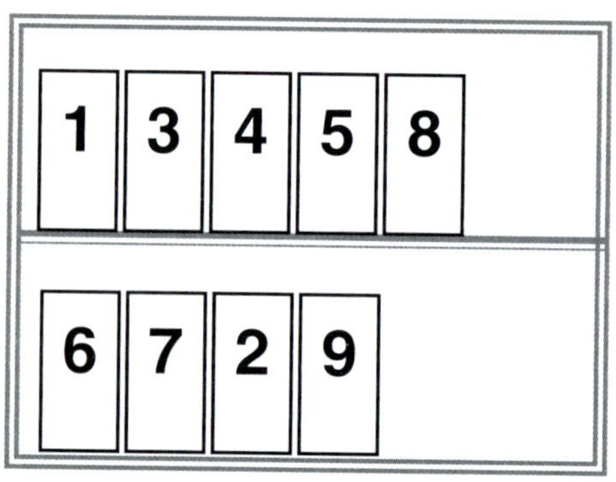

Problème N° 120

Les neuf volumes numérotés d'une encyclopédie sont rangés sur deux étagères comme indiqué sur le dessin. On constate que le rapport des deux nombres est égal à 13458:6729=2

Est-il possible de disposer les volumes autrement, en les déplaçant sur les étagères, pour que le rapport des deux nombres soit égal à 3, à 4, etc... à 9 ?

Problème N° 121

Une école commande un certain nombre de paires d'espadrilles pour le sport. Le prix d'une paire est un nombre ***entier*** *de francs compris entre 2 et 50 €. La facture s'élève à 2491 €. Quel est le prix d'une paire d'espadrilles et combien de paires a-t-on achetées ?*

Problème N° 122

L'émir Hifik a conservé les bougies de ses gâteaux d'anniversaire, depuis son premier anniversaire jusqu'à aujourd'hui.
Il possède actuellement exactement 1830 bougies.
Quel âge a-t-il ?

Réponse : 60 ans

Problème N° 123

Sur un vieux papier, est indiquée une multiplication. Le résultat a 6 chiffres mais trois sont illisibles. Peux-tu reconstituer cette opération ?

14 4 1 4 4 = 792 x 182

Jouer avec les mémoires

Difficulté

1 2 ③

compétences exercées :
utiliser la calculatrice

Consigne

La plupart des calculatrices possèdent une mémoire dans laquelle tu peux stocker un nombre pendant une opération. Cela te permet de conserver un résultat afin de pouvoir le réutiliser par la suite.

Les touches de mémoire

MC Cette touche vide la mémoire. Celle-ci se vide aussi lorsque tu éteins la calculatrice.

M+ Cette touche enregistre dans la mémoire le nombre affiché. S'il y a déjà un nombre dans la mémoire, le nouveau nombre s'y additionne.

M- Pour soustraire le nombre affiché du nombre déjà en mémoire.

MR Cette touche affiche le nombre qui était en mémoire pour te permettre de l'utiliser dans un calcul. Mais le nombre reste stocké dans la mémoire, tu peux le réutiliser si nécessaire.

Exemples d'utilisation

2 8 M+ Tu stockes 28 dans la mémoire.

C MR Tu vides l'écran et tu affiches le contenu de la mémoire : 28.

C 6 M+ Tu vides l'écran et tu ajoutes 6 dans la mémoire.

C MR Tu affiches le contenu de la mémoire qui est maintenant de 34.

Application : calculs avec parenthèses

Exemple :
Calculer **97 - (5x6)-(45 ÷ 3)**

C MC 9 7 M+ Tu stockes 97 dans la mémoire.

C 5 x 6 = M- Tu enlèves (5x6) c.a.d. 30 du nombre en mémoire.

4 5 ÷ 3 = M- Tu enlèves (45/3) c.a.d. 15 du nombre en mémoire.

MR Tu affiches le résultat : 52

Exercices à résoudre en utilisant la mémoire

Calculer

(2467x9) + (337x40) = ...

(36-32) x (211+18) = ...

(209x15) + (82x42) = ...

(96+52) x (83+59) = ...

(243x24) : (9x12) = ...

Les animaux gloutons

Difficulté
1 2 3
compétences exercées :

Consigne

Colorie les deux animaux d'après le code des couleurs.

Jeu n° ___

Code des couleurs pour le poisson :

Jeu n° ___

Code des couleurs pour la tortue :

La jungle des nombres

Difficulté

1 2 3

compétences exercées :

Consigne

En coloriant le plan, retrouve la piste qui te mènera à la statue précieuse gardée par la féroce tribu des diviseurs.

______________________________ **Jeu n°** ___

Code des couleurs :

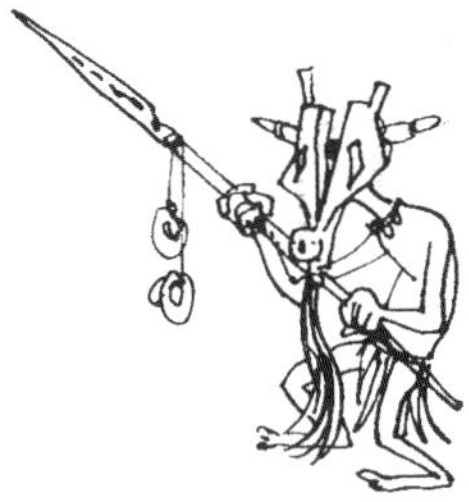

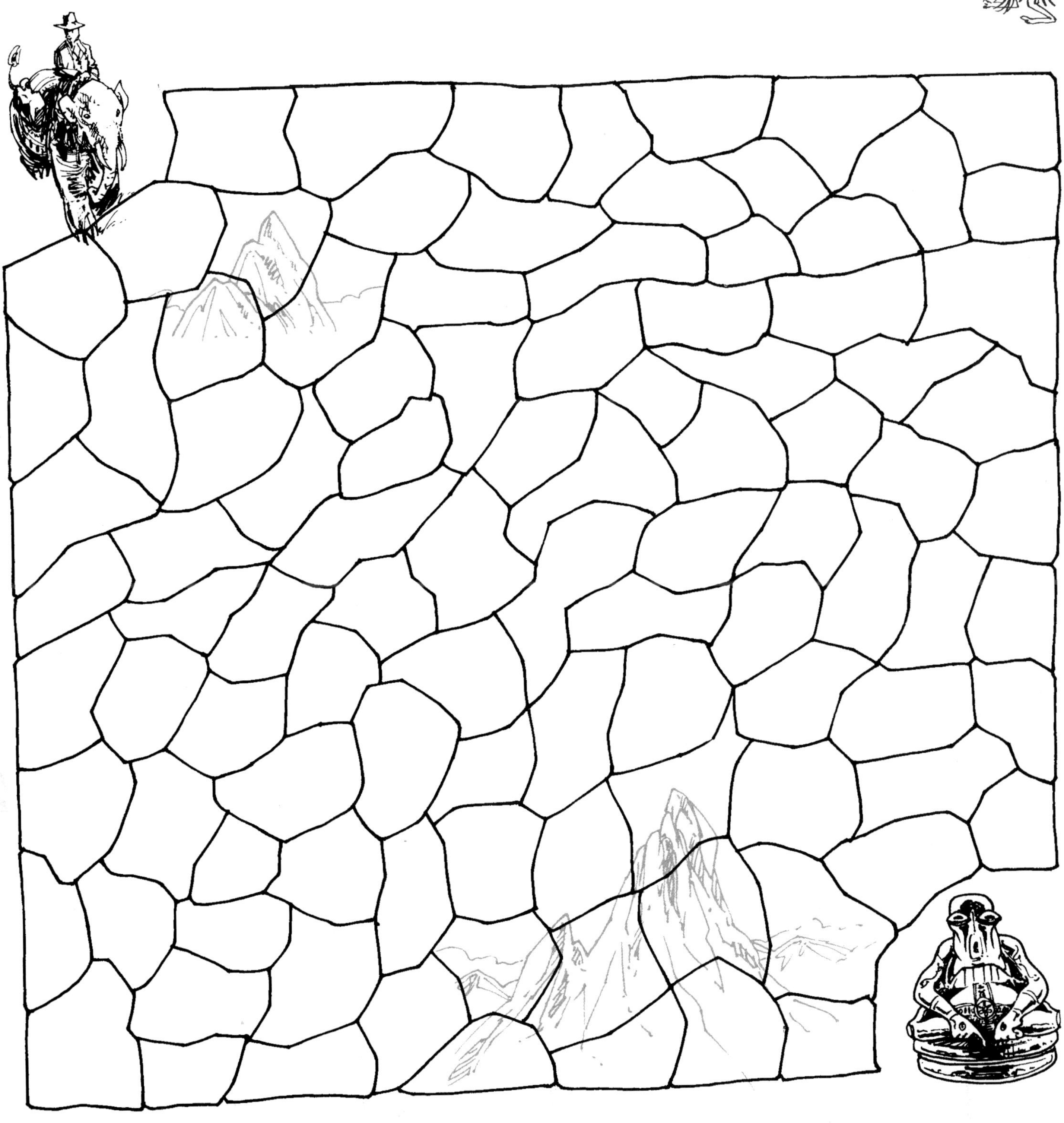

L'astro-nombre

Difficulté
1 2 3
compétences exercées:
raisonnement, hypothèses

Consigne
Place les cinq jetons numérotés dans les emplacements vides de chaque étoile de façon à totaliser le nombre astral sur chacun des cinq alignements de quatre pions.

Jeu n° ____

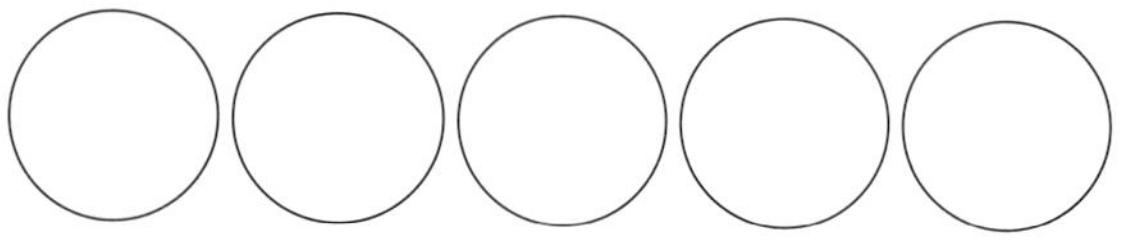

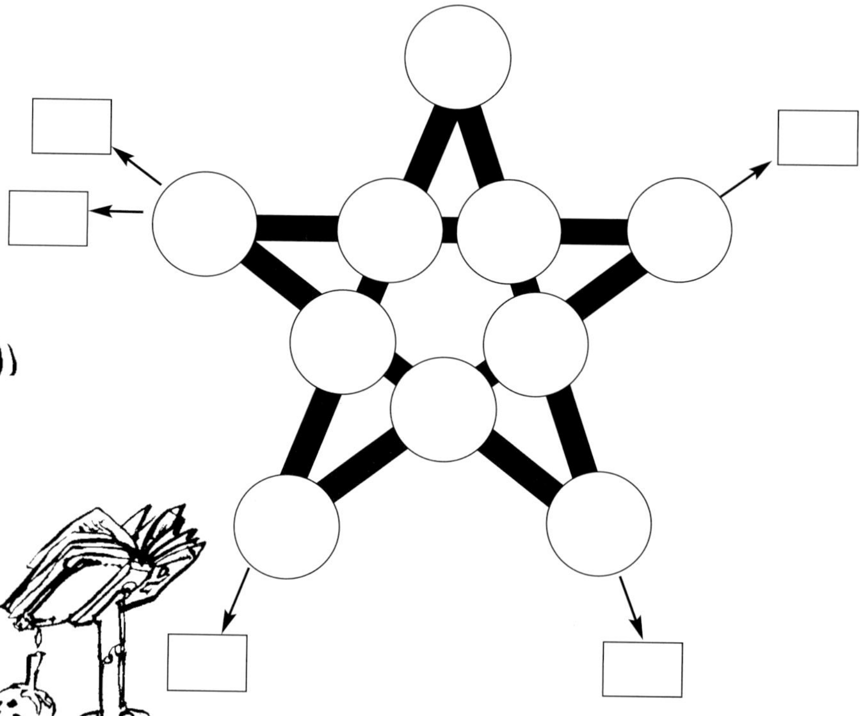

Jeu n° ____

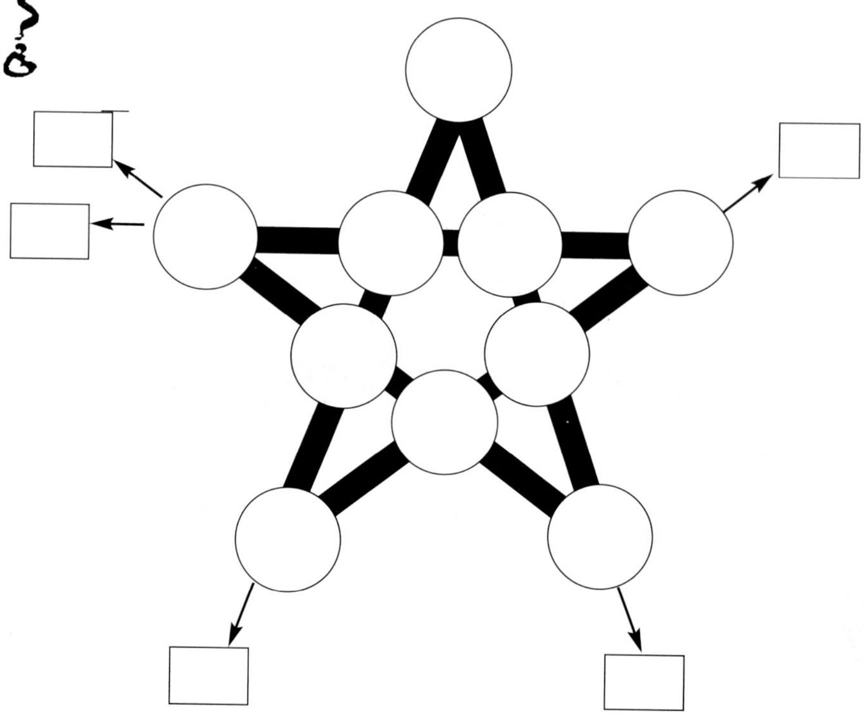

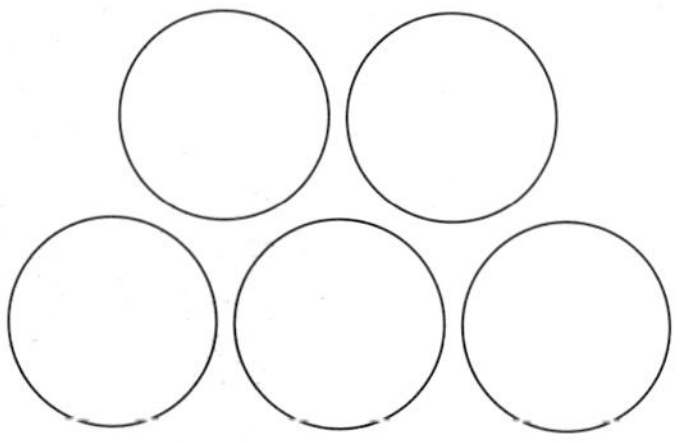

Les 3 nombres cachés

Difficulté
1 2 3
compétences exercées :
connaissance des nombres
traitement de données

Consigne

Un couloir te conduit à une muraille fortifiée qui défend l'accès au donjon du château d'Hénombre. Trouve les trois nombres cachés sur les pierres et tu pourras pénétrer dans le donjon qui recèle les secrets d'Hénombre.

Jeu n° ___

Voici cinq indices pour t'aider à trouver les 3 nombres cachés.

Les dalles fatales

Difficulté

1 2 3

compétences exercées :
ordre de grandeur

Consigne

En coloriant les dalles, montre à Indy le passage qui permet d'atteindre l'entrée du dédale en évitant tous les pièges.
Attention : Le seul passage possible emprunte une suite de dalles restées blanches.

Jeu n° ___

Code des couleurs :

Le trésor de Calculus

Difficulté
1 2 3
compétences exercées :

Consigne

Le trésor se trouve dans la salle ronde.
A toi de trouver le bon chemin en évaluant les opérations qui barrent le passage entre les salles : tu ne peux passer que si le résultat est juste.

Jeu n° ____

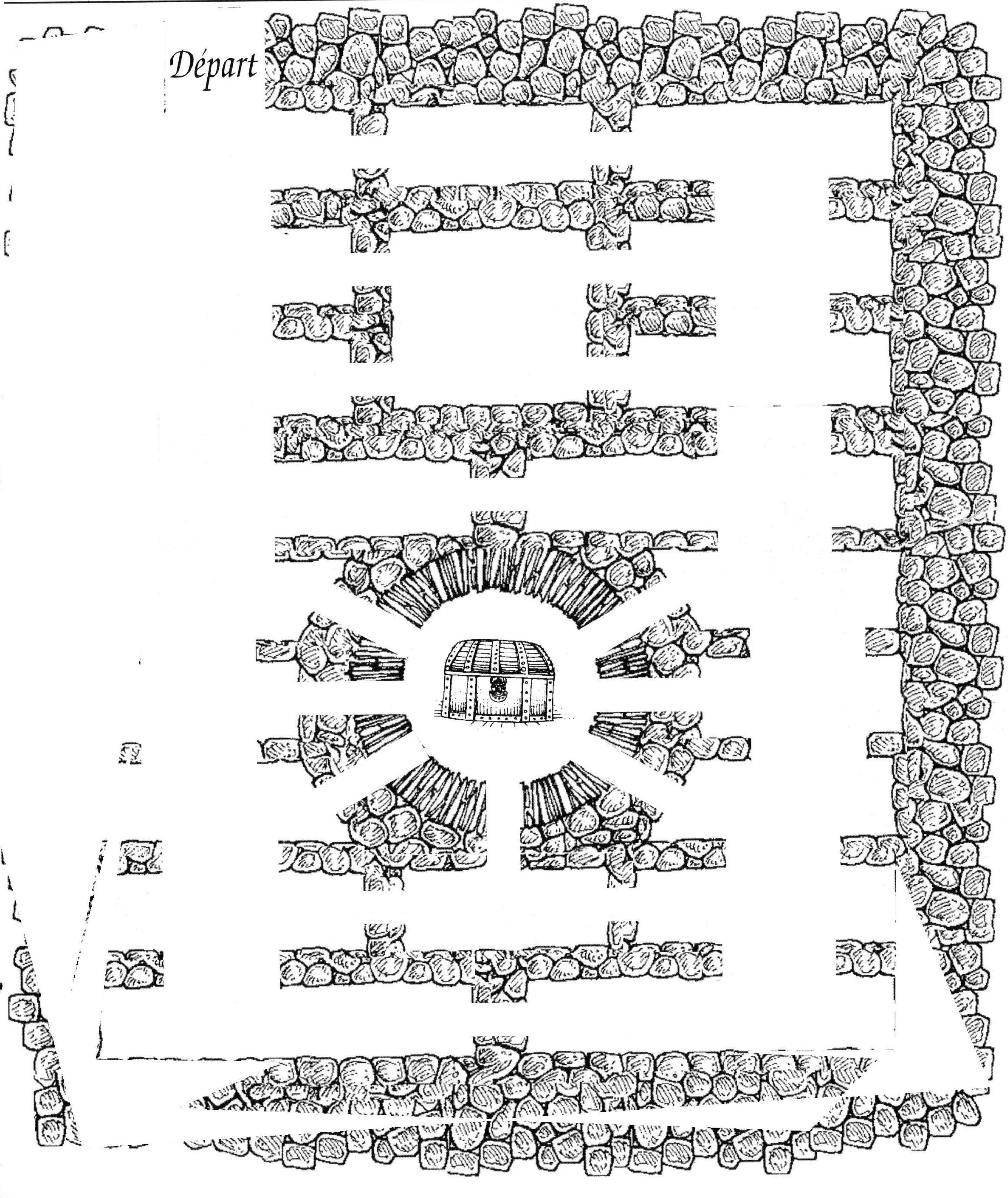

Tours de nombres (jeux n° 112 à 115)

L'explication de ces petits « tours de magie » réside en général dans une juxtaposition astucieuse d'opérations élémentaires et pourra être mise en évidence sous la forme d'une chaîne d'opérateurs.
Voici par exemple la chaîne d'opérateurs pour le jeu « Deviner un nombre » :

$$N \xrightarrow{\times 2} 2N \xrightarrow{+4} 2N+4 \xrightarrow{:2} N+2 \xrightarrow{+7} N+9 \xrightarrow{\times 8} 8N+72 \xrightarrow{-12} 8N+60$$

$$\xrightarrow{:4} 2N+15 \xrightarrow{-11} 2N+4$$

On retrouve bien N en enlevant 4 et en divisant par 2.

Dans un premier temps les élèves pourront essayer ces différents tours entre eux. Il s'agit en fait de véritables algorithmes ou programmes de calcul où il est essentiel de respecter scrupuleusement et chronologiquement la suite de consignes opératoires.
Dans un deuxième temps les élèves pourront s'amuser à inventer eux-mêmes de tels petits tours. Voici quelques exemples possibles :
- Pense à un nombre, multiplie-le par 5, ajoute 6, multiplie par 4, ajoute 7, multiplie par 5, donne la réponse.
En retranchant 155 du résultat final et en supprimant deux zéros, on retrouve le nombre initial.
- Songe au nombre qui exprime ton âge, ajoute 3, multiplie par 20, ajoute 13, multiplie par 5, ajoute le numéro du mois de ta naissance, retranche le nombre de jours d'une année (non bissextile), donne le résultat : on retrouve l'âge et le mois de naissance.

Énigmes (jeux n° 116 et 117)

Il s'agit ici d'analyser et de traiter un ensemble d'informations avec l'aide de la calculatrice.
L'énigme du père LENOR : solution du jeu 116
M. GOLDE : Hôtel du Rivage, plage, Rond-point, Villa des Roses, Villa du père LENOR = 30709 (GOLDE en retournant la calculatrice)
Mme SISSI : Hôtel du Rivage, Rond-point, Villa des Roses = 15515 (SISSI en retournant la calculatrice)
M. BOSS : Hôtel du Rivage, Rond-point, plage = 5508 (BOSS en retournant)
M. GILOS : Café du Coin, Hôtel du Rivage, plage, Rond-point, Villa des Roses, Café du Coin = 50719 (GILOS)
Mme GIGLE : Café du Coin, Hôtel du Rivage, Rond-point, Café du Coin = 37918 (BIGLE en retournant)
Le coupable est donc M. GOLDE qui est le seul à être passé à la Villa du père LENOR.

Vol au Casino Crésus : solution du jeu 117
Voici les chemins les plus courts que chacun pouvait emprunter :
M. BJÖRNSOHN du Bowling au Casino : durée mini 55 minutes, il serait au Casino à 18h40+55 minutes = 19h35
M. LUIS du Night-club au Casino : durée mini 55 minutes, il serait au Casino à 18h45+55 minutes = 19h40
M. KAKUMBA du restaurant au Casino : durée mini 1h, il serait au Casino à 18h30+1h = 19h30
M. CHARLY de l'hôtel Luxus au Casino : durée mini 53 minutes, il serait au Casino à 18h50+53 minutes = 19h43
M. GOBLE du Centre d'affaires au Casino : durée mini 38 minutes, il serait au Casino à 18h50+38 minutes = 19h26
M. SMITH du cinéma au Casino : durée mini 41 minutes, il serait au Casino à 18h55+41 minutes = 19h36
Deux personnes pouvaient être au Casino à 19h30 : M. KAKUMBA et M. GOBLE

Total trouvé dans la poche : 13578+560+20930+1200+1538 = 37806 (en retournant la calculatrice, on lit GOBLE)

Problèmes numériques (jeux 118 à 123)

Les six petits problèmes proposés seront l'occasion de fructueux exercices de recherche et pourront être proposés à titre individuel ou à de petits groupes. La plupart du temps l'enfant procédera par essais successifs qu'il faudra mener de façon organisée. Au fil des recherches ou de l'observation des résultats l'enfant pourra découvrir quelques propriétés mathématiques intéressantes.

Problème n° 118 : solutions
La somme des 20 premiers nombres est 210
La somme des 50 premiers nombres est 1275
La somme des 100 premiers nombres est 5050

En écrivant deux fois la somme d'après la disposition ci-contre, on trouve 20 fois la somme 21, donc S = (20*21) : 2 = 210

S = 1+2+3+4......................+19+20
S = 20+19+18+17........................+2+1

2S = 21+21+21+21...................... +21+21

Problème n° 119 : solutions

En procédant par essais successifs, l'élève trouvera :
24+25+26 = 75 et 13+14+15+16+17 = 75
Voici une solution raisonnée pour écrire 75 sous la forme de 3 nombres consécutifs :
On a 75 : 3 = 25 c.-à-d. 75 = 25+25+25
On peut donc écrire : 75 = (25-1)+25 + (25+1) soit 75 = 24+25+26
On pourra vérifier que la même règle s'applique pour une suite de 5 nombres et dans tout autre cas de sommes de nombres consécutifs.

Problème n° 120 : solutions

Voici des solutions possibles, mais il en existe d'autres :

17496 : 5832 = 3	17568 : 4392 = 4
13845 : 2394 = 5	17658 : 2953 = 6
16758 : 6381 = 7	25496 : 3187 = 8
57429 : 6381 = 9	

Problème n° 121 : solution

Il s'agit de trouver le nombre entre 2 et 50 divisant 2491.
On peut éliminer tous les nombres pairs puisque 2491 est impair et tous les multiples de 3 puisqu'il n'est pas divisible par 3. Il ne reste plus qu'à essayer systématiquement tous les autres nombres : 5, 7,11,13.....jusqu'à 49.
On trouve finalement 47. On en déduit que le prix d'une paire d'espadrilles est égal à 47 et qu'on en a commandé 53 paires.

Problème n° 122 : solution

Il s'agit du même type de problème que le N° 118 : il faut additionner la suite des nombres jusqu'à ce qu'on obtienne 1830.
On pourra appliquer la même formule : (Âge x Âge + 1) : 2 = 1830 On en déduit que 3660 = Âge x Âge + 1 et par essais, on trouve 60x61 = 3660. L'émir a donc 60 ans.

Problème n° 123 : solution

La réponse pourra être trouvée par essais et encadrement en testant des produits de 792. On finit par trouver :
144144 = 792x182
On remarquera cependant que 792 étant multiple de 9 et de 4, le résultat doit l'être aussi. On en déduit :
- les deux derniers chiffres du résultat doivent être multiples de 4 : les seules possibilités sont 44 et 48.
Avec 8 le nombre serait 140148 ou 141048 (le total des chiffres étant multiple de 9). Ces deux nombres n'étant pas divisibles par 792, le dernier chiffre doit être 4. On a donc 14_ _44
- les deux chiffres manquants ne peuvent être que 2 et 3 ou 1 et 4. En vérifiant ces hypothèses, on trouve 144 144.

Jouer avec les mémoires

Voici les solutions des 5 exercices :
(2467x9) + (337x40) = 35683
(36-32) x (211+18) = 916
(209x15) + (82x42) = 6579
(96+52) x (83+59) = 21016
(243x24) : (9x12) = 54

5. Fiches vierges

Vous trouverez dans les pages qui précèdent une série de 6 fiches vierges qui vous permettront de réaliser vos propres fiches de jeux de nombres. Vous pourrez ainsi multiplier à l'infini certaines séries en jouant sur les paramètres, les niveaux de difficulté...
Et pourquoi ne pas proposer à vos élèves d'imaginer eux-mêmes une fiche à l'attention de leurs camarades ?
Cette activité de recherche est très formatrice. Elle passionnera vos élèves et favorisera les échanges et la communication au sein de la classe.

Des outils progressifs et efficaces pour l'apprentissage mathématique

88 pages - 27 €

80 pages - 27 €

5 à 8 ans

Nouveautés 2003

Jeux de nombres au cycle 1
Jeux de logique au cycle 1

96 pages - 27 €

80 pages - 27 €

8 à 13 ans

DES PRATIQUES DE MAÎTRES

ACCÈS Éditions

13 A route d'Altenheim
67100 Strasbourg
Tél. : 03 88 79 97 67
Fax : 03 88 79 09 85
www.acces-editions.com